CYFRES LLYGAD Y FFYNNON
Golygydd: HUGH THOMAS

CYFROL 3

DIWYGIADAU'R DDEUNAWFED GANRIF

MURIEL BOWEN EVANS
(Addaswyd i'r Gymraeg gan Wendy Davies)

*Cyhoeddwyd dan nawdd Cynllun Gwerslyfrau Cymraeg
y Cyd-bwyllgor Addysg Cymreig*

CAERDYDD
GWASG PRIFYSGOL CYMRU
1972

© GWASG PRIFYSGOL CYMRU, 1972

SBN 7083 0475 3

ARGRAFFWYD YNG
NGHYMRU
GAN
A. McLAY
A'I GWMNI CYF
CAERDYDD

CYNNWYS

RHAGAIR

Amcan y gyfres *Llygad y Ffynnon* ydyw gosod gerbron y darllenydd syl-
wadau ar ddigwyddiadau a mudiadau yn hanes Cymru gan gynnwys nifer
o ddogfennau a fu'n sail i'r casgliadau y daethpwyd iddynt. Hyderir y bydd
y gyfres yn help i feithrin y ddawn o ddehongli ffynonellau hanes ein gwlad.

Cyfeiria'r rhifau a geir mewn cromfachau yng nghorff y llyfr at rifau'r
dogfennau cyfatebol.

Golygydd

FFYNONELLAU DOGFENNAU

1. Arferion crefyddol, 1721. Erasmus Saunders, *A view of the State of Religion in the Diocese of St. David's*, 1721.
2. Dyn y pechadur, 1813. *Y Drysorfa*, 1813.

DIWYGIAD ADDYSGOL

Stephen Hughes a'r Ymddiriedaeth Gymreig.

3. Stephen Hughes, am yr angen am lyfrau Cymraeg. *Rhagymadrodd i Waith Ficer Prichard*, 1659, dyfynnwyd gan G. J. Williams, "Stephen Hughes a'i Gyfnod", *Y Cofiadur*, 1926.
4. *Gair Duw*. Y Ficer Prichard.
5. Cyfeiriad at benillion y Ficer Prichard. Erasmus Saunders *op cit.*
6. Stephen Hughes, am gyhoeddi'r Beibl. *Rhagymadrodd i Waith Ficer Prichard*, 1670, dyfynnwyd gan G. J. Williams, op cit.
7. Yr Ymddiriedaeth Gymreig. Strype (gol.) *Survey of London*, 1720.
8. Adroddiad gan yr Ymddiriedaeth. Dyfynnwyd gan Thomas Shankland.
9. Cymdeithasau crefyddol. Strype, op cit.

Y Gymdeithas Er Taenu Gwybodaeth Gristnogol.

Codwyd dogfennau 10–18 o
Thomas Shankland, "Sir John Philipps and the Charity School Movement in Wales", *Cymmrodorion Transactions*, 1904–5,
ac o
Mary Clement, *Correspondence and Minutes of the S.P.C.K. Relating to Wales*, 1699–1740, Caerdydd 1952.

Griffith Jones Llanddowror a'r Ysgolion Cylchynol.

19. Brwdfrydedd Griffith Jones i efengylu. Shankland, op cit.
20. Hanes ar led am Griffith Jones. Howell Harris.
21. Barn myfyriwr. *Pocket Book of Thomas Morgan*. NLW Mss.
22. Ysgolion cynnar Griffith Jones. Shankland, op cit.
23. Ysgolion cynnar Griffith Jones. Dyfynnwyd yn *Trans. Carms. Antiq. Soc.* XV (37).
24. Ysgolion cynnar Griffith Jones. *Welch Piety.*
25. Ysgolion cynnar Griffith Jones. Shankland, op cit.
26. Madam Bevan. Llythyr Griffith Jones a ddyfynnwyd yn *Transactions of the Carmarthenshire Antiquarian Society*, XV (37).
27. Ysgolion a gynhaliwyd 1739–40, 1740–41. *Welch Piety.*
28. Griffith Jones a'r iaith Gymraeg. ibid.
29. Problem. ibid.
30. Agwedd Canghellor Bangor. John Evans, *Some Account of the Welsh Charity Schools*, 1752.
31. Agwedd Canghellor Bangor. *Welch Piety.*
32. Llythyr at bobl yn byw yn ymyl yr ysgolion. ibid.
33. Rheolau. ibid.
34. Tystiolaeth Thomas Ellis o Gaergybi. ibid.
35. Sylwadau gan William Morris. J. H. Davies (gol.) *Morris Letters*, Cyf. I.
36. Ysgolion cylchynol 1772–3. *Welch Piety.*
37. Ysgol Gymraeg yn Llanbedr-y-fro. ibid.
38. Merch yn athrawes. ibid.
39. Ystadegau. ibid.
40. Dyfyniad o ewyllys Madam Bevan. *Report of Commissioners for Inquiring concerning Charities.*

41. Siom ynglŷn â'r ewyllys. Morgan John Rhys, *Cyfarwyddyd ac Annogaeth*, 1793.
42. Cofebyn Eglwys Llanddowror.

Sefydliadau Elusennol Eraill

43. Dyfyniad o ewyllys Mary Tasker. *Report of Commissioners for Inquiring concerning Charities.*
44. Sefydlu Ysgol Elusennol Mary Tasker. *Order Book of Mayor and Common Council of Haverfordwest* a *Minutes* yr S.P.C.K.
45. Dyfyniad o ewyllys Dr. Daniel Williams. *Report concerning Charities*, op cit.

Ysgolion Sul

46. Cymhelliad newydd i addysgu'r tlodion. Morgan John Rhys, op cit.
47. Dulliau dysgu. ibid.
48. Ysgolion Sul yn Sir Benfro. *Y Drysorfa* 1813.

Datblygiadau Addysgol Eraill

49. Cymunrodd i Ysgol Ramadeg Rhuthun. *Report concerning Charities*, op cit.
50. Cymunroddion Edmund Meyricke. ibid.
51. Gwaddoliad Ysgol Ystradmeurig. ibid.
52. Llythyr oddi wrth gyn-ddisgybl yn Ystradmeurig. Dyfynnwyd yn Hugh Owen, *Additional Letters of the Morrises of Anglesey.*
53. Cwrs astudiaeth mewn ysgol ac academi Ymneilltuol. Thomas Morgan, op cit.
54. Rhai o'r rheolau a wnaeth Bwrdd Cronfa'r Presbyteriaid. Dyfynnwyd gan H. P. Roberts, "Nonconformist Academies in Wales", *Cymmrodorion Transactions*, 1928–9.

DIWYGIAD CREFYDDOL

Cyflwr Eglwys Loegr

55. Agwedd y werin i arferion crefyddol. Erasmus Saunders, op cit.
56. Dau blwyf yn Sir Gaerfyrddin. *Visitation of Archdeacon Tenison*, 1710.
57. Mynwent Betws Gwerful Goch yn Sir Feirionnydd. Dyfynnwyd yn *Merioneth Miscellany*, I(3).
58. Mynwent Aberedw, yn ymyl Llanfair-ym-Muallt. Howell Harris.
59. Cyflwr adeiladau eglwysig yn esgobaeth Tyddewi. Erasmus Saunders, op cit.
60. Cyflwr Eglwys Gadeiriol Llandaf. *Llandaff Act Books*, dyfynnwyd yn *Records of the County Borough of Cardiff*, 1905.
61. Defnyddio'r fynwent yn Llangernyw. Adroddiad y Deon 1749, dyfynnwyd yn D. R. Thomas, *Diocese of St. Asaph*, 1874.
62. Gwasanaethau eglwysig yn esgobaeth Tyddewi. Erasmus Saunders, op cit.
63. Dr. Tillotson am ddymunoldeb addysg grefyddol. Dyfynnwyd yn *Welch Piety*.
64. Rhai o wendidau'r Eglwys, yn ôl Griffith Jones. ibid.
65. Amgylchiadau ariannol yr offeiriaid. Erasmus Saunders, op cit.
66. Syniad Ieuan Brydydd Hir am ei Eglwys. Dyfynnwyd yn D. Silvan Evans, *Gwaith y Parchedig Evan Evans.*
67. Rhai o broblemau'r Eglwys nas datryswyd. Dyfynnwyd yn *Trans. Carm. Antiq. Soc.*
68. Rhai o broblemau'r Eglwys nas datryswyd. ibid.
69. Rhai o broblemau'r Eglwys nas datryswyd. ibid.
70. Cyflwr crefydd cyn y Diwygiad Methodistaidd, yn ôl William Williams, Pantycelyn. *Ateb Philo-Evangelius*, 1763. Dyfynnwyd yn Garfield H. Hughes, *Gweithiau William Williams, Pantycelyn.*

DIWYGIADAU'R DDEUNAWFED GANRIF

Dyfynnir y mwyafrif o'r dogfennau sy'n cyfeirio at Howell Harris o Gomer M. Roberts, *Selected Trevecka Letters*, Vol. I, Caernarvon, 1956, a Vol. II, Caernarvon, 1962, ac o Tom Beynon, *Howell Harris's Visits to Pembrokeshire*, Aberystwyth, 1960.

71. Tröedigaeth Howell Harris. Robert Jones, *Drych yr Amseroedd*, 1820, gol. Glyn Ashton.
72. Mater ordeinio Howell Harris. Tom Beynon, op cit.
73. Ordeinio Daniel Rowland. *St. David's Diocesan Register*.
74. Taith yn ôl o Langeitho. Robert Jones, op cit.
75. Llythyr oddi wrth Ymneilltuwr.
76. Trwyddedau i Ymneilltuwyr. *Minute Book of Carmarthenshire Quarter Sessions*, dyfynnwyd yn *Trans. Carm. Antiq. Soc.*
77. Howell Harris a Myfyrwyr yr academi. Tom Beynon, op cit.
78. Methodistiaeth yn Sir Gaernarfon. Robert Jones, op cit.
79. Methodistiaeth yn Sir Fôn. J. H. Davies, op cit.
80. John Wesley yng Nghymru. N. Curnock (gol.) *John Wesley's Journal*.
81. Howell Harris at George Whitefield, 1742. G. M. Roberts, op cit.
82. Howell Harris at Griffith Jones, 1743. ibid.
83. Trefeca, barn cyfaill. John Wesley, op cit.
84. Trefeca, barn beirniad. Dyfynnwyd yn *Trans. Carm. Antiq. Soc. XV*.
85. Sylw William Morris am Howell Harris. Dyfynnwyd yn J. H. Davies, op cit.
86. Syniad David Lloyd o Fethodistiaeth. Dyfynnwyd yn D. J. O. Jones, *Daniel Rowland*, 1938.
87. Llythyr at Howell Harris gan Mrs. Jones o Ffon-mon. G. M. Roberts, op cit.
88. Adroddiad am farw William Williams. *Gentleman's Magazine*, 1791.
89. Ordeinio gweinidogion cyntaf y Methodistiaid Calfinaidd. D. Peter, *Hanes Crefydd yng Nghymru*, 1816.
90. Dydd Sul cyn y diwygiad ac ar ôl hynny. *Y Drysorfa*, 1813.
91. Agwedd y Methodistiaid at y Wladwriaeth. Thomas Jones, *Gair yn Ei Amser*, 1798.
92. Crynhoi gan Twm o'r Nant. Thomas Edwards, *Bannau y Byd*, 1808.

RHAGYMADRODD

(DOGFENNAU 1, 2)

Yn nogfen 1 disgrifir rhai arferion crefyddol yn 1721. Mae dogfen 2 yn ddyfyniad allan o gylchgrawn crefyddol yn 1813, sef *Y Drysorfa*. Nid treigl amser yn unig sydd yn egluro'r gwahaniaeth rhyngddynt mewn ymarweddiad a dull o weithredu. Pwrpas y llyfryn hwn yw ceisio dangos sut y daeth yr agwedd newydd hon i fod.

Yn 1721 yr oedd bywyd crefyddol ynghlwm wrth gadw defodau arbennig a berthynai i ddiwylliant traddodiadol. Nid crefydd fewnblyg oedd eiddo'r mwyafrif o'r bobl gyffredin. Ond yn 1813 derbyniai darllenwyr *Y Drysorfa* y dylent fod yn ymwybodol o bechod a theimlo angen profiad ysbrydol (2). Aethai bywyd yn fwy difrifol o lawer. Rhoddid pwys mawr ar drafodaethau haniaethol, ynglŷn ag athrawiaeth, a'r gallu i drin a thrafod yn hawdd. Byddai gŵr crefyddol yn 1813 wedi ymwrthod â llawer o arferion gwerinol ei gyndadau, a gosod corff newydd o gredoau a gwaharddiadau yn eu lle. Am fod rhai arweinwyr crefyddol yn teimlo angen cynghori'r bobl, dechreuwyd cyhoeddi'r *Drysorfa* er mwyn cyflwyno newyddion am grefydd yn feunyddiol iddynt yn eu cartrefi, a'u hatgoffa am athrawiaethau crefyddol. Y newid mwyaf oll, efallai, oedd ceisio dylanwadu ar bobl drwy gylchgrawn. Gellid cychwyn cylchgronau Cymraeg am fod y fath gynnydd yn rhif y bobl a allai ddarllen. Cyhoeddid y cylchgrawn arbennig yma gan enwad nad oedd mewn bodolaeth yn 1721.

Rhaid cofio nad yw'r naill ddogfen na'r llall yn disgrifio holl Gymry'r cyfnod· Mae adroddiadau ar gael yn sôn am anhrefn mawr yn y Plygain yng nghyfnod Erasmus Saunders. Felly hefyd yn 1813, yr oedd miloedd na ddylanwadwyd nemor ddim arnynt gan fudiadau'r blynyddoedd cyn hynny. Eto, yr oedd y diwygiadau addysgol a chrefyddol yn bwysig iawn yn natblygiad y Gymru sydd ohoni heddiw. Anodd fyddai ysgrifennu am y mudiadau hyn ar wahân, gan mai amlygiad o'r ymwybod crefyddol oedd sefydlu ysgolion. Yn aml, yn y cyfnod, yr un rhai oedd yn ymwneud ag amryw agweddau ar y diwygiad.

Yr oedd elfennau yn y diwygiad yng Nghymru a godai'n naturiol o'r gymdeithas Gymreig. Gwelid hefyd ddylanwadau cryf y mudiad a oedd yn Ewrop ac ym Mhrydain ar yr un pryd. Gydag amser daeth yn fwyfwy Cymreig. Rhai o biwritaniaid yr ail ganrif ar bymtheg oedd y cyntaf i fynegi pryder am dlodi ysbrydol ac addysgol Cymru. Ceisiodd Stephen Hughes ac ychydig o bobl eraill wynebu'r broblem, a dynoda'u gwaith hwy ddechrau'r diwygiad. Ond yn y blynyddoedd cynnar, nid yng Nghymru y cafwyd fwyaf o gefnogaeth, ond o fannau lle'r oedd y piwritaniaid yn poeni mwy nag yng Nghymru am achub eneidiau a chymwynasgarwch, mannau â mwy o gyfoeth, hefyd, na Chymru. Yr oedd Hughes a'i gyd-weithwyr yn awyddus i gyhoeddi a dosbarthu llyfrau, ond gweithient yn wyneb angen dybryd am gefnogaeth ariannol. Gwlad a chanddi ddosbarth canol bychan iawn oedd Cymru, ac nid oedd ei boneddigion yn gyfoethog iawn chwaith. Gwerinwyr yn dilyn eu gwahanol orchwylion oedd mwyafrif y boblogaeth. Felly, roedd rheswm da gan yr arloeswyr dros fod yn ddiolchgar fod gwŷr cyfoethog a dylanwadol yn Llundain yn gweld Cymru yn faes cenhadol ac yno angen dygn am addysg grefyddol.

Yr oedd yr awydd hwn i weithredu'n ddyngarol yn rhan o'r diwygiad cyffredinol. Ar y dechrau, Llundain oedd canolfan mudiadau elusennol ym Mhrydain, ac yn ôl adroddiad a ysgrifennwyd gan Dr. Josiah Woodward, ymddengys fod tua deugain o grwpiau wedi dod i fodolaeth cyn diwedd yr ail ganrif ar bymtheg, grwpiau a chanddynt bob mathau o amcanion crefyddol, moesol a dyngarol (9). Deuai rhannau eraill o Loegr a Chymru dan ddylanwad y rhain wrth i bobl a'r un syniadau ganddynt ddarllen am y cymdeithasau hyn a siarad amdanynt. Medrodd Syr John Philipps sefydlu Cymdeithasau er Diwygio Moesau yn Sir Benfro a Sir Gaerfyrddin. Erbyn i ddiwygiad Howell Harris gychwyn, yr oedd y syniad o drefnu cyfarfodydd o grwpiau o bobl a goleddai syniadau tebyg i'w gilydd yn eithaf cyfarwydd i'r bobl a oedd â diddordeb mewn crefydd.

Trwy Lundain y daeth dylanwad diwygwyr yr Almaen i Gymru. Bu'r Pietist Francke yn cynorthwyo i drefnu nifer o fudiadau elusennol, ac yn arbennig y Gymdeithas er Taenu Gwybodaeth Gristnogol (S.P.C.K.), yn 1699. Ni ellir mesur gwerth cyfraniad y gymdeithas hon i Gymru, gan iddi ennyn diddordeb y boneddigion a'r clerigwyr mewn gweithgareddau elusengar yn eu hardaloedd eu hunain, a chreu yr awyrgylch briodol i Griffith Jones allu rhoi ei gynlluniau ar waith. Yr oedd Methodistiaeth yn rhywbeth a gododd yn naturiol yng Nghymru, ond pan ddaeth Howell Harris yn ymwybodol o ddysgeidiaeth y Morafiaid, cafodd hynny ddylanwad ar ddatblygiad y mudiad.

Er bod diddordeb gwŷr o'r tu allan i'r wlad yn bwysig, yn arbennig ar y dechrau, a bod Cymru wedi derbyn cymorth ariannol drwy gydol yr amser, daeth y diwygiad yn rym o bwys yng Nghymru pan gydiodd yn nychymyg y trigolion, gan ledu o ardal i ardal a chynhyrchu ei arweinwyr ei hun. Agweddau ar waith mwyaf dylanwadol a mwyaf gwerinol y diwygiad yw cyfundrefn addysg Griffith Jones a Madam Bevan, Methodistiaeth a'r Ysgolion Sul. Gosodwyd Cymru ar lwybr arbennig fel canlyniad i ymdrechion yr holl bobl a geisiodd ennyn ymwybyddiaeth grefyddol yn eu cyd-Gymry, ond nid oeddynt yn cyd-weld bob amser ynglŷn â rhai dulliau arbennig. Yr oedd y gwahaniaethau ymhlith y bobl hyn ynglŷn â'r ffordd o ddwyn y maen i'r wal yn mynd i fod bron mor bwysig yn hanes y wlad.

(Dogfen 1)

ARFERION CREFYDDOL, 1721

"Agen, Another ancient Practice, namely, that of Crossing themselves, as the first Christians were us'd to do upon many Occasions, is much in use among them in the most Mountainous Parts, where old Customs, and Simplicity is most prevailing, there we shall observe, that when the People come to Church, they go immediately to the Graves of their Friends, and there kneeling offer up their Addresses unto God, but especially at the Feast of the Nativity of our Lord; for they then come to Church about Cock-crowing, and bring either Candles or Torches with them, which they set to burn, every one, one or more upon the Grave of his departed Friend, and then set themselves to sing the fore-mention'd *Halsingod*, and continue so to do, to welcome the approaching Festival till Prayer-time.

But with those innocent good old Customs, they have also learn'd some of the *Roman* Superstitions practic'd in the later Ages, such as many times in their Ejaculations to invocate, not only the Deity, but the Holy Virgin, and other Saints, for *Mair-Wen, Iago, Teilaw-Mawr, Celer, Celynog,* and others are often thus remember'd, as if they had hardly yet forgotten the use of Praying to them. And there being not only Churches and Chappels, but Springs and Fountains dedicated to those Saints, they do at certain times go and Bath themselves in them, and sometimes leave some small Oblations behind them, either to the Keepers of the Place, or in a Charity Box prepar'd for that Purpose, by way of Acknowledgment, for the Benefit they have, or hope to have thereby. Nay, in many parts of *North Wales,* they continue in effect, still to pay for Obits, by giving Oblations to their Ministers at the Burials of their Friends (as they were formerly taught to do to Pray them out of Purgatory) without which useful Perquisites the poor Curates wou'd in many places be very hard put to it how to get their Livelyhood."

Erasmus Saunders

(Dogfen 2)

DYN, Y PECHADUR, 1813

"Yr wyf yn gyntaf yn edrych arnaf fy hun yn bechadur mawr – yn bechadur brwnt – y mae yn ffiaidd genyf fi fy hun, a dymunwn edifarâu mewn llwch a lludw: – Yn ail, Yr wyf yn credu i Iesu Grist ddyfod i'r byd i gadw pechaduriaid ffiaidd o'm bath i: – Yn drydydd, Yr wyf yn credu fod digon o rinwedd yn ei aberth ef i fy nghymeradwyaw ger bron Duw, heb

fy nghyfiawnder fy hun: – Yn bedwerydd, Yr wyf yn credu ei ewyllysgar-
wch i dderbyn pechadur o'm bath i, gan ei fod yn dywedyd, "Yr hwn a ddêl
ataf fi nis bwriaf ef allan ddim." – Yn ddiweddaf, Yr wyf yn credu fy mod
gwedi cael fy nerthu gan Dduw i ddyfod ato, a rhoddi fy hun iddo. Ni ddaw
neb ato oddieithr i'r Tad ei dynu; ond pob un a glywodd gan y Tad, ac a
ddysgodd, sydd yn dyfod ato. Dyma sydd genyf i ddywedyd, am y mater –
Pechadur gwael ydwyf fi; ond mae Crist yn geidwad i bechadur."

Y Drysorfa

YMDRECHION STEPHEN HUGHES A'R YMDDIRIEDAETH GYMREIG I ADDYSGU'R TLODION

(DOGFENNAU 3–9)

Yng nghanol yr ail ganrif ar bymtheg, ychydig o lyfrau Cymraeg oedd ar gael. Ychydig o bobl hefyd a allai ddarllen Cymraeg, a hynny am mai dim ond y rhai cyfoethog a allai ddarllen o gwbl, a thuedd rhai o'r rheini oedd defnyddio Saesneg. Nid oedd un wasg argraffu yng Nghymru. Stephen Hughes a Thomas Gouge oedd y ddau ŵr cyntaf i fynd ati o ddifri i geisio addysgu'r dosbarthiadau isaf yng Nghymru. Piwritaniaid oedd y ddau a wasanaethodd Eglwys Loegr yng nghyfnod y Werin-lywodraeth, ond bu'n rhaid iddynt adael eu bywiolaethau pan ddaeth Siarl II i'r orsedd. Fodd bynnag, er mai Cymro o dre Caerfyrddin oedd Hughes, Sais yn byw yn Llundain oedd Gouge.

Ymhlith grŵp bychan o arweinwyr crefyddol yng Nghymru a ofidiai am fod mwyafrif mawr eu cyd-wladwyr yn anllythrennog, Stephen Hughes a gafodd y dylanwad mwyaf. Ef oedd y cyntaf i geisio cyflenwi'r angen am lyfrau Cymraeg. Gwelir yn eglur (3) paham y dymunai i bobl ddysgu darllen, a thystia'r dyfyniad hefyd i'w ymroddiad personol ef i'r gwaith i roi'r llyfrau yma o fewn cyrraedd i'r bobl. Mae'n debygol iddo ddewis dechrau â phenillion y Ficer Prichard am fod iddynt apêl boblogaidd yn ogystal â neges grefyddol. Byddai rhai ohonynt yn gyfarwydd i'r bobl hefyd (4 a 5). Daeth tro ar fyd yn hanes Stephen Hughes, a thorrwyd ar draws ei gynlluniau i gyhoeddi llyfrau. Yn 1661, ar ôl yr Adferiad, yr oedd bellach yn Anghydffurfiwr neu'n Ymneilltuwr ac nid yn Ficer Meidrim yn Sir Gaerfyrddin. Yn y blynyddoedd a ddilynodd, gweinidogaethodd yn ddirgel i Ymneilltuwyr a dioddefodd dan Gôd Clarendon. Ni allodd ailgychwyn ar ei waith golygu a chyhoeddi tan 1670, ac mae'n bosibl mai drwy gymeradwyaeth Dr. William Thomas (eglwyswr a ddaeth yn Esgob Tyddewi yn 1677) y medrodd ailddechrau bryd hynny. Yn y *Rhagymadroddion* i'r llyfrau a olygodd yn gyson weddill ei oes yr oedd yn feistr ar ledaenu propaganda ac yn ymarferol ei gynghorion: "Ymofynnwch yn y shioppe ble'r ydys yn gwerthu llyfrau, amdanynt hwy: Ac o bydd y Marsiandwyr yn gweled, fôd tybygoliaeth y gwerthir bagad o'r llyfrau hynny odid na bydd i rai o honynt hwy osod allan eu harian, tuag at eu printio hwynt".

Yr oedd y broblem ariannol yn aruthrol fawr. Dengys dogfen 6 gymaint oedd angen Stephen Hughes am noddwyr cyfoethog. Buasai Cristion o'r ddeunawfed ganrif yn dweud mai llaw Rhagluniaeth a ddaeth â Stephen Hughes a Thomas Gouge, y gweithiwr diflino arall, at ei gilydd, tua 1672. Yr oedd Gouge yn ymwybodol iawn o dlodi gwerin Cymru, ac yr oedd mewn cysylltiad â gwŷr cyfoethog, dyngarol, o safle uchel mewn cymdeithas. Fe'i taflwyd allan o fywoliaeth St. Sepulchre's yn 1662 ond daliodd i weinidogaethu i nifer o'i hen gynulleidfa. Er iddo dorri Deddf y Cyrddau Cudd wrth wneud hyn, yr oedd mewn cysylltiad hefyd ag eglwyswyr amlwg fel Dr. Tillotson. Daw dogfen 7 o *Survey of London* a ymddangosodd yn 1720. Eglura'r dyfyniad sut y trefnodd

Gouge gefnogaeth i'w gynlluniau ar gyfer addysg a dosbarthu llyfrau yng Nghymru. Unwyd y gweithgareddau hyn dan enw'r Ymddiriedaeth Gymreig yn 1674.

Gan yr Ymddiriedaeth y cafodd Stephen Hughes y gefnogaeth ariannol angenrheidiol i gyhoeddi llawer o'r lyfrau. Nid oedd awdur y *Survey of London* yn ymwybodol o gamp fwyaf trawiadol y gwŷr hyn, sef cyhoeddi argraffiad Cymraeg rhad o'r Beibl yn 1677–8 (8). Ar ôl marw Gouge yn 1681 ac ar ôl i'r Ymddiriedaeth golli tir, daliodd Stephen Hughes i olygu a chyhoeddi cymaint ag a allai yn Gymraeg o fewn ei adnoddau ariannol ei hun. Yr oedd wedi cyhoeddi casgliad cyflawn o benillion y Ficer Prichard yn 1672 a chafwyd argraffiad newydd yn 1681. Ymhlith y gweithiau eraill a gyhoeddodd yr oedd cyfieithiad o *Daith y Pererin* yn 1688. Ei waith ef ei hun oedd hwn bron i gyd. Felly y dechreuwyd dod i barchu llyfrau yng nghartrefi Cymru, a'r Beibl yn anad unrhyw lyfr arall. Bu farw Stephen Hughes yn 1688, ond cwblhaodd cyfaill iddo'r gwaith o gyhoeddi'r llyfrau oedd ganddo yn yr arfaeth. Cyhoeddwyd argraffiad arall o'r Beibl yn 1689–90 ac o benillion yr Hen Ficer yn 1696.

Nid oes gwybodaeth sicr beth a barodd i Thomas Gouge gymryd cymaint o ddiddordeb yn addysg Cymru yn y lle cyntaf. Cododd problemau ynglŷn â'r cynnig cyntaf i ddarparu cyfundrefn o ysgolion elusennol. Er gwaethaf hyn, mae'n ymddangos o adroddiad yr Ymddiriedaeth am y flwyddyn 1674–5 i dros 80 o ysgolion gael eu hagor. Yn ôl Dr. Tillotson (a enwir yn y dyfyniad) cafodd rhwng 1600 a 2000 o blant addysg yn rhad ac am ddim y flwyddyn honno. Mae'n rhaid bod y ffaith mai Saesneg oedd iaith yr ysgolion wedi cyfyngu ar eu heffeithiolrwydd. Nid oedd defnyddio Saesneg yn ymarferol yn y rhan fwyaf o Gymru nac yn dderbyniol gan Stephen Hughes am nad oedd yn ddull effeithiol o gyrraedd y nod a ddymunid. Fodd bynnag, yr oeddynt wedi dod â'r syniad o addysg i'r tlodion i'r amlwg am y tro cyntaf, ac elwodd eraill ar eu camgymeriadau hwy wrth geisio gweithredu yn yr un maes.

Mae'n syn, ar lawer cyfrif, fod yr Ymddiriedaeth wedi llwyddo o gwbl. Yr oedd rhai o'r aelodau ymhlith swyddogion Eglwys Loegr. Ymneilltuwyr oedd eraill, fel Dr. Bates, Richard Baxter, Mathew Poole a Thomas Gouge. Yr oedd eu cyd-weithwyr yng Nghymru, hefyd, yn perthyn i'r ddwy garfan grefyddol. Gan ei bod yn gyfnod cyn caniatáu goddefiad i Ymneilltuwyr, yr oedd dylanwadau o'r tu allan yn pwyso'n drwm arnynt, a gwnâi hyn hi'n anodd cydweithio ar adegau. O dipyn i beth, daeth trai ar waith yr Ymddiriedaeth ar ôl marw Gouge yn 1681, ond, yn ddiweddarach, gallai Strype fwrw golwg yn ôl dros ei waith a'i ganmol fel esiampl i'w ddilyn ac ysbrydoliaeth i eraill (9).

(Dogfen 3)

STEPHEN HUGHES, AM YR ANGEN AM
LYFRAU CYMRAEG, 1659

". . . Peth arall am hannogodd i brintio'r pethau ymma, yw, y tyby-goliaeth mawr, y cynhyrfir wrth hyn laweroedd ni fedrant ddarllain, i ddysgu darllain cymraeg. Awyddys yw bobl at bethau newyddion, a'r rhain yn printiedig ydynt newydd i'n gwlad: ag odid, na bydd llawer (er ys-catfydd nid ag amcan i gael lleshad i heneidiau, etto o ran ei dyfyrwch) yn ymdynnu, i ddyscu darllain gwaith 'Vickar Llanddyfri'. Ag ar ol dyscu darllain hwn, pa rwystir fydd i ddarllain llyfrau cymraeg eraill, trwy ba rai (oni chesglyr trwy hwn) y gellir casglu daioni mawr; ag felly os yw'r llyfyr mewn rhyw fodd (pe bae ond trwy ddigwyddiad) dybygol i wneuthur lles, gobeithio fod genym resswm cryf am ei brintio . . . Mae rhan arall o waith yr un Awdwr, yn dyfod tan y printwasg ar fyrder, ag ni bydd hir, hyd oni ddelo y rhan honno ar led hefyd iw chael ar werth; heb law amriw lyfrau eraill yn gymraeg, os Duw a ganiatta."

(Dogfen 4)

GAIR DUW, GAN Y FICER PRICHARD

"Gwell nag aur, a gwell nag arian,
Gwell na'r badell fawr a'r crochan;
Gwell dodrefnyn yn dy lety
Yw'r Beibl bach na dim a feddi.

Gan i Dduw roi inni'r Cymry,
Ei Air sanctaidd i'n gwir ddysgu,
Moeswch inni, fawr a bychain,
Gwympo i ddysgu hwn a'i ddarllain.

Duw, rho ras a grym i Gymru
'Nabod Duw, a'i wir was'naethu;
Crist a nertho bob rhai 'ddarllain
Llyfyr Duw'n eu hiaith eu hunain."

(Dogfen 5)

CYFEIRIAD AT BENILLION Y FICER PRICHARD, 1721

". . . For the Generality are, I am afraid, more oblig'd, if not to their natural Probity, to their Religious Observance of these ancient Customs, or to the Instructions they derive from their '*Halsingod*', or the 'Vicar of Llanymddyfry's' Poems, and such others, than to any Benefit receiv'd by the Catechising and Preaching of a regular Ministry."

Erasmus Saunders

(Dogfen 6)

STEPHEN HUGHES AM GYHOEDDI'R BEIBL, 1670

"Ac am y bibl cymraeg, ni fydd hir cyn printier ef, oni fydd i wyr arianog osod allan fil o bynne tuag at ei brintio; Canys, 'Medd gwerthwyr llyfrau yn Llyndain, ni ddodwn ni mo'n harian i maes i'r gwaith hwn, o herwydd fe fydd printiad neu Impression o chwech mîl o fiblau cymraeg ugain mlynedd neu bedair blynedd ar ddeg yn eu gwerthu (ble'r ydym ni'n gwerthu ynghylch deng mil ar hugain o Fiblau saesneg bob blwyddyn) ac ni allwn ni sy'n byw wrth ein crefftiau aros cyd, i gael ein harian i mewn.' Ac am hynny fyng hidwladwyr deisyfwch ar y 'Gwyr mawrion', ac yr 'Esgobion', ac ar y 'Gweinidogion' ar 'Marsiandwyr arianog', i ddodi eu harian allan (od oes gida nhwy ddim cariad at Grist ac eneidiau pobl) tuag-at y gwaith da hwn, fel na bo i chwi gael eich difethu o eisiau gwybodaeth."

(Dogfen 7)

YR YMDDIRIEDAETH GYMREIG

"This favour of the Londoners toward poor Children began divers Years ago in *North and South Wales*. When about the year 1670 the Poverty and Ignorance of those Parts raised a Compassion in the Hearts of many good Citizens (which must be recorded to their Honour). So that they and their Interest contributed such Sums of Money as maintained a great number of poor Welch children at School, to read English, Write, and cast Accompts. And Schools for that purpose were erected and settled in many Places in those Countries . . .

And this Charity extended not only to poor Children, but to the Rest of the poor Welch Inhabitants to furnish them with Christian Knowledge. For by this Charity they had distributed freely among them a great number of pious Books translated and printed in the Welch Language. So that in the Year 1674, there had been bought and distributed in several Families 32 Welch Bibles, and 479 Welch Testaments; Which were all that could be bought up in London or Wales; Besides 500 *Whole Duties of Man* bought and disposed in like manner. And 2500 *Practice of Piety*, with some Hundreds of Licenced Treatises translated into Welch were then printing, and almost finished; which were to be freely given also to the Poor People in those Parts.

This became a Trust, and was connected to several Eminent Ministers of London, viz.: Dr. Tillotson, afterwards Archbishop of Canterbury, Dr. Whichcote, Dr. Simon Ford, Dr. Bates, Dr. Outram, Dr. Patrick, afterwards Bishop of Ely, Dr. Stillingfleet, afterwards Bishop of Worcester,

Dr. Fowler, afterwards Bishop of Gloucester, Mr. Durham, Dr.Meriton, Dr. Hezekiah Burton, Mr. Baxter, Mr. Matthew Poole, and Mr. *Thomas Gouge*, sometimes *Vicar of St. Sepulchres*, London; which last also devoted himself and his Estate to this Service and Labour of Love; Going himself divers Years successively into Wales from Place to Place, enduring in his old-Age all the Fatigues of Travelling in that Mountainous Country to oversee and manage this great Public Work.

There were also in the same Trust some Eminent Citizens of the Laity, as Thomas Firmin, Henry Norton, John Du Bois, and some few others."

Strype

(Dogfen 8)
ADRODDIAD GAN YR YMDDIRIEDAETH

"And whereas there have lately been Printed eight thousand Welsh Bibles in Octavo with a fair Letter, on good Paper, which cost nine shillings the Ream in May 1677, seven thousand whereof containing the Old and New Testaments, with the Common Prayers, Singing Psalms and Apocrypha, well bound in good Calves-leather and Clasped, have been and are to be sold in Wales at the Printing price, viz. 4s. 2d. And the other thousand remaining are to be freely given to such Poor Families as are not able to buy a Bible, and yet can read, and are like to make good use thereof."

(Dogfen 9)
CYMDEITHASAU CREFYDDOL

"Besides all the Societies before spoken of there be *The Religious Societies*, voluntarily entered into by some good People of the City, on purpose to employ a Part of their Time in Religion, and to quicken one another in Good Things. These had Methods and Orders to be observed among them. Which being laid before the late Queen and the late Archbishop Tillotson were enquired and approved by both, and greatly esteemed by several of the Archbishops and Bishops since. These are Superior in Time to any of the other *Societies*, and perhaps gave occasion to the rest. The Beginning of them was thus: When in King Charles II's Time, there were many infamous Clubs of *Atheists*, *Deists*, Socinians, &c., set up; (too many of which by their scandalous Lives, endeavoured to destroy all Sense of Divine Things, and of the Difference of Good and Evil) Some serious Persons of the Church of England thought it necessary to oppose their *Proceedings*, and formed themselves into *Societies* that should assist one another in their most holy Faith, and in a Practice agreeable thereunto. These Considerations, and the like, brought together a considerable Number of pious Persons about the year 1680, who met often to Pray, sing Psalms, and read the Holy Scriptures together, and to reprove, exhort, and edify one another by religious Conferences. And their Number daily so encreased, that they made, about the Year 1700, Thirty Nine Societies in and about *London* and *Westminster*. And their Examples have been followed in divers Parts of this Nation, and in *Ireland*, especially *Dublin*, where there were some five or six Years ago about Ten Societies."

Strype

Y GYMDEITHAS ER TAENU GWYBODAETH GRISTNOGOL

(DOGFENNAU 10-18)

Fel y mae llinell gyntaf dogfen 7 yn awgrymu, ni bu farw'r syniad o addysgu plant tlawd pan ddaeth yr Ymddiriedaeth Gymreig i ben. Ymhlith y rhai a gefnogai'r Gymdeithas er Taenu Gwybodaeth Gristnogol (yr S.P.C.K.), yr oedd dinasyddion cyfoethog o Lundain. Yr Arglwydd Guildford, Syr Humphrey Mackworth, y Barnwr Hook, Dr. Thomas Bray a'r Cyrnol Colchester a sefydlodd y Gymdeithas. Yn fuan ar ôl ei sefydlu, gwahoddwyd Syr John Philipps o Gastell Pictwn yn Sir Benfro i ddod yn aelod ohoni. Yr oedd yn ŵr cyfoethog, ac enwog am ei gefnogaeth hael i achosion da. Yr oedd ei dad, Syr Erasmus, wedi ymddiddori yng ngwaith yr Ymddiriedaeth Gymreig. Yr oedd yr S.P.C.K. yn wahanol i'r Ymddiriedaeth Gymreig gan fod yr aelodau i gyd yn perthyn i Eglwys Loegr a chan nad oeddynt yn cyfyngu eu gweithgarwch i unrhyw ardaloedd arbennig. Yr oedd Cymru yn un o'r rhanbarthau y rhoddwyd cryn sylw iddi. Nid oedd hyn yn rhyfedd gan fod Syr John Philipps a Syr Humphrey Mackworth yn byw yng Nghymru, a bod gan Dr. Thomas Bray gysylltiadau â Chymru. Yr oedd gan Syr Humphrey Mackworth ddiddordeb mewn cloddio am fwynau a'u smeltio yng Nghastell-nedd ac yng Ngheredigion, ac am dri chyfnod bu'n Aelod Seneddol dros Sir Aberteifi. Ymysg noddwyr amlycaf yr S.P.C.K. yng Nghymru yr oedd John Vaughan, ysgwier Derllys yn Sir Gaerfyrddin, Humphrey Humphreys a fu'n Esgob Bangor, a'i olynydd yn y swydd honno, John Evans. Y ddau ddull pennaf a ddefnyddiodd y Gymdeithas i hyrwyddo Gwybodaeth Gristnogol yng Nghymru oedd sefydlu ysgolion a darparu llyfrau addas.

Yr oedd Syr John Philipps, y soniwyd amdano uchod, yn un o aelodau mwyaf gweithgar y cymdeithasau a ddisgrifir gan Dr. Woodward, ac i bob golwg, ystyriai'r gwaith o godi safon foesol ei gyd-Gymry yn gyfrifoldeb personol arno ef ei hunan. Bu'n hynod hael i fudiad yr Ysgolion Elusennol dan nawdd yr S.P.C.K. Yr oedd, yn ddiweddarach, i fod yn amlwg mewn agweddau ar y diwygiad na freuddwydiwyd amdanynt yn 1699. Er enghraifft, mae'n debygol i'w gefnogaeth a'i nawdd helpu Griffith Jones i ennill yr hyder a gyfrannodd at lwyddiant ei ysgolion, ac i ddod i gysylltiad â phobl a allai ei gynorthwyo. Yr oedd hefyd yn gyfaill a noddwr i John Wesley a John Gambold ac aelodau eraill o'r Clwb Sanctaidd. Yr adeg yma yr oedd yn Aelod Seneddol dros fwrdeistrefi Penfro, ac yn ddiweddarach bu'n cynrychioli Hwlffordd.

Trefnu Ysgolion

Dechreuodd yr S.P.C.K. ennyn brwdfrydedd dros y syniad o sefydlu ysgolion. Ysgrifennwyd at rai offeiriaid ym mhob sir, gan eu gwahodd i fod yn aelodau gohebol o'r Gymdeithas. Dyfyniad o'r ail lythyr a gylchredwyd (Chwefror 1700) yw dogfen 10. Mae'n ymddangos mai amcanion y Gymdeithas oedd rhoi arweiniad i'r tlodion sut i fod yn ddefnyddiol a dedwydd yn y bywyd hwn, gan gadw at y ddeddf, yn ogystal â'u cynorthwyo i gael iachawdwriaeth. Yn y llythyr cyntaf a ysgrifennwyd ganddynt, dywedasant: " . . . for the instruction of such poor children in Reading, Writing and in the Catechism . . . the most effectual method to train up the poorer sort in sobriety and the knowledge of Christian Principles . . . ". Ymhlith cefnogwyr Cymreig y mudiad yr oedd tuedd i roi'r lle blaenaf i'r amcan crefyddol.

Mae'n amlwg mai gweithredu ar unwaith oedd yr amcan ac nid cynnal trafodaethau hir mewn pwyllgorau. Yn dilyn y llythyr gwelir rhai o'r atebion a dderbyniwyd. Yr oedd Dr. John Jones yn Ddeon Bangor 1689–1727, a daeth yn ŵr pwysig ym myd sefydlu a chefnogi Ysgolion Elusennol. Mae'r sylw a wnaeth Dr. Wynne o Gresffordd yn tanlinellu gwendid cyfrwng addysg yr Ymddiriedaeth Gymreig, gan mai Saesneg oedd iaith yr ysgolion. Mae adroddiad diweddarach am sefydlu Ysgol Elusennol yng Ngresffordd ar gyfer ugain o blant tlawd: "five of whom are paid for by the worthy Minister (Dr. Wynne) and some of the best and ablest parishoners pay for the rest". Mae'r llythyr o Wrecsam yn dwyn i'r amlwg broblem arall a wynebai'r gwŷr â'u bryd ar sefydlu ysgolion. Anogai'r S.P.C.K. bobl leol i sefydlu, cynnal a rheoli'r ysgolion. Yr oeddynt yn fwy tebyg o gael cefnogaeth tanysgrifwyr wrth wneud hyn. Golygai hyn, yng Nghymru, y dysgid darllen Cymraeg pe credai'r noddwyr fod hynny'n addas. Pwrpas yr ysgolion a waddolwyd gan y Deon John Jones oedd: " . . . for the instructing of poor children for ever to read Welsh . . . ". Amhosibl yw dweud yn union faint o ysgolion a ddysgai ddarllen Cymraeg.

Yn ystod y blynyddoedd a ddilynodd, amrywiai'r ardaloedd yn fawr yn eu brwdfrydedd dros sefydlu ysgolion. Dibynnai i raddau helaeth ar drylwyredd y gohebydd lleol ac ymateb y boneddigion. Yr ardal i'r gogledd a'r gorllewin o dref Caerfyrddin oedd y fwyaf ffodus yng Nghymru am fod John Vaughan yn byw yn Nerllys (Plwyf Merthyr) a Syr John Philipps ym Mhictwn. Hefyd rhoddai John Pember, offeiriad Prendergast (Hwlffordd), ei holl galon yn y gwaith a gweithiai'n effeithiol dros ben. Ymhlith boneddigion a noddai'r mudiad mewn rhannau eraill o Gymru yr oedd Fychaniaid Llwydiarth yn Sir Drefaldwyn.

Pe gwelai'r trefnwyr canolog angen, gwneid ymholiad paham nad oedd ysgol elusennol mewn rhyw ardal neu'i gilydd. Danfonwyd y llythyr canlynol at weinidog Casnewydd yn Sir Fynwy i holi ynglŷn â'r sefyllfa yng Nghaerllion yn 1715:

"Whether there is a School there, and if there is, how it is supported, and the present state of it, as to number of children, etc. What number of children there are in the place still unprovided for? And whether a Charity-School be wanting there? Who is the Min^r of the Place, and of what value is his living? Who is the Patron of the Living? How many Churches are there in the Parish, etc.? With any other Account relating to the state of the Town or any Improvements it may be capable of," etc. Mae'n ymddangos i'r ymholiad ddwyn ffrwyth gan i ysgol gael ei sefydlu yng Nghaerllion yn 1717. Pan wnaed ymholiad tebyg ynglŷn â Dolgellau yn 1716, dangosodd ateb y ficer nad oedd fawr o lewyrch yno, a phan gafodd y dref ysgol elusennol yn 1720, "at the charge of a lady of London" y cafwyd honno. Ceir enghreifftiau eraill yng nghofnodion a llythyrau'r S.P.C.K. o gefnogaeth a roddwyd gan bobl o'r tu allan i ardal.

Er enghraifft, yr oedd Rheolwr a Chwmni Anturwyr Mwynfeydd Lloegr yn cynnal ysgolion i blant mwynwyr a gweithwyr eraill yn Esgair Hir yn Sir Aberteifi ac yng Nghastell-nedd.

Cyhoeddi a Dosbarthu Llyfrau

Yr oedd angen llyfrau ar gyfer yr ysgolion yn ogystal â llyfrau i'w defnyddio'n fwy cyffredinol. Fel yr Ymddiriedaeth Gymreig, dechreuodd yr S.P.C.K. drwy drefnu dosbarthu llyfrau addas a oedd ar gael, ond bu rhaid cyhoeddi wedyn. Cyfeiria dogfen 12 at ddechrau cyhoeddi yn Gymraeg gan y Gymdeithas. Cydnabyddid fod hyn yn anhepgor os oedd yr S.P.C.K. i gyflawni ei hamcanion. Ymysg y deunydd darllen Cymraeg a gyhoeddwyd, yr oedd gwerslyfrau elfennol, cyfieithiadau o bamffledi "for the reformation of manners" ac o lyfrau defosiynol Saesneg, ynghyd ag adargraffiadau o lyfrau crefyddol Cymraeg. Mae'r rhestr o lyfrau Cymraeg a awgrymwyd gan Dr. John Evans mewn ateb i'r ymholiad yn dechrau fel hyn:

"Dr. Evans's Catalogue of Books printed in the British Tongue, which he thinks proper to be sent to the Correspondents in Wales.

1. — Bishop Jewel's Apology
2. — Dent's Plain Way to Heaven
3. — Practice of Piety."

Mewn cyfnod diweddarach, dosberthid llyfrau ar ran y Gymdeithas gan ei chynrychiolwyr. Dyma enghraifft nodweddiadol yn 1729:

"Rev. Dr. Robt. Wynne, John Miller, Esq., for Denbighshire and Flintshire:— 18 Welch and 2 English Bibles, 8 English and 9 Welch Duties of Man, 166 Psalters, 50 Pastoral Letter, 50 Family Prayer, in Welch; 8 Husbandman's Manual in Welch, and 16 in English."

"Sʳ Jno. Pryce, Bart., Rev. Mr. Wm. Davies, Rev. Mr. Tho. Richards, Rev. Jno. Harding, for Montgomeryshire and Merionethshire:—20 Welch and 3 English Bibles, 14 Welch Duties of Man, 170 Psalters, 50 Pastoral Letter, 50 Family Prayer, in Welch; 8 Husbandman's Manual in Welch, and 16 in English."

"Rev. Mr. Tho. Holland for Anglesea:—10 Welch Bibles, 8 Welch Duties of Man, 83 Psalters, 25 Pastoral Letter, 25 Family Prayer, in Welch; 4 Husbandman's Manual in Welch and 8 in English."

Argreffid y llyfrau dros yr S.P.C.K. yn Lloegr, ac, yn ôl cyfeiriad mewn llythyr gan William Morris yn 1742, mae'n ymddangos fod gwallau yn broblem. Ysgrifennai at ei frawd, Richard, ynglŷn â chywiro pamffledi Cymraeg: " . . . (which I suppose will be only a sheet each) i gael ohonynt fod yn beth gwell na'r rhai a brintir yn y Mhwythig; roeddwn innau yn meddwl y gallach gael awr neu ddwy i'w sparrio ... N.B. Rhaid bod on the reverse of the title page *ye* Welch alphabet with ab, eb, etc." John Rhydderch a Thomas Durston o Amwythig neu John Downing o Lundain oedd cyhoeddwyr llyfrau Cymraeg yr S.P.C.K. fel rheol.

Cyfeiria dogfennau 13 a 14 at sefydlu llyfrgelloedd. Erbyn 1714 yr oedd Llyfrgell Esgobaethol ym Mangor, Llanelwy, y Bont-faen a Chaerfyrddin; ac wyth Llyfrgell Blwyf. Cedwid y llyfrgell yr aed â hi i Gaerfyrddin mewn adeilad a gafwyd yn rhodd ar ei chyfer gan Edmund Meyricke "for the use of the Library, lately collected, for ever." (Yr oedd yr Edmund Meyricke hwn yn un o gefnogwyr haelaf yr S.P.C.K. Hannai o deulu ym Môn ac enillodd ysgoloriaeth i Goleg yr Iesu, Rhydychen yn 1656, ac fe'i gwnaed yn Gymrodor yn 1662. Ar ôl hyn cymerodd urddau eglwysig ac am gyfnod hir bu'n dal bywiolaethau yn esgobaeth Tyddewi. Bu farw yng Nghaerfyrddin yn 1713 a chladdwyd ef yn Eglwys Pedr Sant. Nid oedd gwaddoliad ar gyfer ysgol elusennol yng Nghaerfyrddin yn ei ewyllys fel y disgwylid.)

Ymddangosodd argraffiad newydd o'r Beibl yn 1689. Pan oedd angen argraffiadau pellach yn y ddeunawfed ganrif fe'u cyhoeddwyd gan yr S.P.C.K. Drwy ei chyhoeddiadau yn yr iaith Gymraeg daliodd y Gymdeithas i chwarae rhan bwysig yn niwygiadau addysgol a chrefyddol y ddeunawfed ganrif. (Gweler 22 a 25 hefyd.)

Gweithgarwch Elusengar

Yr oedd rhoi dillad a bwyd i'r tlodion yn rhan o'r gweithredoedd da yr oedd yn draddodiad i wraig yr ysgwier eu cyflawni, ond yr oedd Syr John Philipps, yn ei frwdfrydedd mawr, am weithredu ar raddfa ehangach (15). Yr oedd llawer o'r rhai a gychwynnodd ysgolion yn gwneud rhyw gymaint o ddarpariaeth ar gyfer dilladu plant, efallai er mwyn eu denu i fynychu'r ysgol (16). Yn yr ysgol a sefydlwyd gan y Foneddiges Granville yn Nhrefynwy yn 1707 yr oedd pedwar ar hugain o blant "who have also Books and Cloaths at her Ladyships charge". Agorwyd ysgol yn Llanandras adeg y Nadolig 1711 ar gyfer tri ar ddeg o blant a gafodd ddillad yn rhoddion y mis Mawrth canlynol. Mewn adroddiad o Gaerfyrddin yn 1712, dywedwyd bod un ar hugain o fechgyn yn cael eu dysgu a'u dilladu ar draul Mr. Meyricke.

Câi'r tlodion fwy o gynhorthwy na hyn hefyd. Dilladwyd pump ar hugain o'r un ar ddeg ar hugain o blant mewn ysgol elusennol yn Hwlffordd yn 1710 ac 'each of them receive 5/– a Quarter for their parents". Cynhaliai merched Mrs. Vaughan o Lwydiarth (Sir Drefaldwyn) ugain o'r bechgyn yn ysgol Llanfihangel gan roi cinio iddynt bob diwrnod ysgol. Yn 1712 cafwyd adroddiad fod deg o'r plant tlotaf yn yr ysgol ym Mhen-bre yn cael eu dilladu "and given dinner five days in the week at a Public House near the school."

Cymerwyd y dyfyniadau hyn ynglŷn â gweithgareddau'r S.P.C.K. o addroddiadau manwl y Gymdeithas yn ABSTRACTS OF CORRESPONDENCE, MINUTES and ACCOUNTS OF CHARITY SCHOOLS. Ceir ynddynt dystiolaeth ddiddorol am agweddau ar fywyd yn y ddeunawfed ganrif ar wahân i addysg a chrefydd; er enghraifft, sonnir yn aml am deithio rhwng Cymru a Llundain. Eid o'r De i Lundain dros fôr a thir, ond dros y tir bron yn gyfangwbl y teithid o Ganolbarth a Gogledd Cymru. Ymhlith y cludwyr y sonnir amdanynt yr oedd Tanner o Drefynwy, Paine o Gaer a Nash o Leominster. Ym mis Medi 1708, danfonwyd at John Phillips yng Nghaerfyrddin i roi gwybodaeth iddo fod llyfrau wedi eu danfon i Mr. Samuel Hughes, Talacharn, Thomas Thomas, Caerfyrddin,

Edmund Meyricke, Caerfyrddin, Thomas Lloyd, Alltycadno, Thomas Philipps, Talacharn, John Vaughan, Derllys, John Phillips, Caerfyrddin, Syr John Philipps, Barwn, Castell Pictwn, Thomas Lloyd, Rhoscrowdder a John Pember, Hwlffordd. Yr oedd y llyfrau yn nwylo Tanner, y cludwr o Drefynwy, a'r cludiant wedi ei dalu.

Problemau

Mae'r ddau lythyr yma (17 a & b) yn awgrymu fod angen rhai o'r rhoddion a nodwyd uchod i ddenu plant y tlodion i ddod i'r ysgol. Dangosant anawsterau economaidd y tlodion a'r broblem o ennyn awydd am addysg. Ni chredai rhieni tlawd fod unrhyw werth mewn gyrru eu plant i'r ysgol. Gweithio ar y tir oedd dyfodol y mwyafrif o blant tlawd Cymru ac, yn eu tyb hwy, nid oedd angen gallu darllen ac ysgrifennu i wneud hynny. Yr oedd yn ddigon anodd cael deupen llinyn ynghyd pan ellid dibynnu ar help y plant. Nid oedd y cymhelliad crefyddol y tu ôl i'r ysgolion elusennol yn golygu dim i'r werin hyd yn hyn. Nid oedd y syniad y gallai addysg fod yn ganllaw i gynorthwyo person i godi uwchlaw'r safle y ganwyd ef iddi wedi gwawrio ar y mwyafrif o'r tlodion, ac, yn sicr, nid dyna fwriad y noddwyr chwaith. Yr oedd Dr. John Jones wedi gwneud sylw braidd yn besimistaidd, mewn termau tebyg, yn 1699.

Mae'n bosibl mai'r broblem hon o gael rhieni i weld gwerth danfon eu plant i'r ysgol a barodd i ficer Wrecsam weithredu. Talodd ddeugain swllt y flwyddyn am dŷ ysgol a rhoddodd ddeg punt y flwyddyn a'i fwyd i athro "for teaching all such of his parishioners as are willing to read and write Welch and repeat their Catechism etc. He also finds 'em Books".

Adlewyrcha'r ail lythyr bryder yr S.P.C.K. rhag ofn i helbulon gwleidyddol lesteirio'u gwaith. Yn 1714, daethai Siôr, Etholwr Hanover, yn frenin Lloegr ond yn 1715 ceisiodd y Jacobitiaid ennill yr orsedd i'r Hen Ymhonnwr, James Edward. Yr oedd ar y llywodraeth ofn fod cydymdeimlad â theulu'r Stiwartiaid dan yr wyneb. Tybid fod cydymdeimlad â'r Jacobitiaid ymhlith pobl Sir Benfro, o bosib. Parhaodd hyn yn broblem i'r Gymdeithas. Cododd anghydfod ymysg cefnogwyr yr S.P.C.K. am fod rhai yn teimlo fod perygl i'r ysgolion gael eu defnyddio gan Uchel Eglwyswyr i hyrwyddo Jacobitiaeth. Felly, tueddai'r Gymdeithas i ollwng ei gafael yn yr ysgolion a rhoi mwy o sylw i weithgareddau eraill.

Daw rhagor o broblemau i'r golwg yn nogfen 18. Sut y gellid dod o hyd i berson addas i fod yn ysgolfeistr? Pa gymwysterau a ddylai fod ganddo? Pwy ddylai ei benodi? Pa gyflog a ddylai ddisgwyl ei gael?

Os oedd ficer neu gurad mewn plwyf yn barod i fod yn ysgolfeistr, fe'i hystyrid yn gymwys i'r swydd. Weithiau, byddai gŵr ifanc wedi cael profiad mewn math arall o ysgol. (Dyma oedd sefyllfa'r gŵr ifanc yn nogfen 18). Yn 1708 cynigiodd Syr John Philipps ddull o hyfforddi ysgolfeistri, ond ni weithredodd y Pwyllgor ar ei awgrym. Yr oedd y broblem yno o hyd. Yn 1712 daeth ymholiad oddi wrth y gohebydd yng Ngheri, Sir Drefaldwyn: " . . . he should be glad to know what is the usual salary to the Master of a Charity School, and whether one may be obtained from London, because it will be difficult to get one in these parts that has a just and necessary knowledge in the English tongue." O gyfrifon plwyfi eraill mae'n ymddangos fod cyflog ysgolfeistri yn amrywio rhwng dwy bunt a deg punt. Ceir golwg arall ar y broblem yn y dyfyniad byr sy'n dilyn (18b). Roedd yr arferiad yma, ar un ystyr, yn ysgafnhau baich sefydlydd yr ysgol.

Un o'r rhesymau dros wrthwynebu Ymneilltuwyr oedd fod yr S.P.C.K. yn dehongli "Gwybodaeth Gristnogol" fel athrawiaeth uniongred Eglwys Loegr. Dysgid Holwyddoreg yr Eglwys ynghyd â darllen, ysgrifennu a chadw cyfrifon i fechgyn, a dysgai'r merched yr Holwyddoreg ynghyd â darllen a gwnïo.

Yn 1719 awgrymodd Syr Humphrey Mackworth "whether it may not be proper to pitch upon one of the best Schoolmasters in London to begin the setting up of Schools in Wales, who may be a sort of Itinerant Master when he has set up one School and brought up an Usher then to set up another."

Gwelir un o anawsterau rhoi awdurdod yn nwylo pobl leol yn y posibilrwydd o golli ysgol pe bai'r tanysgrifwyr yn digio am ryw reswm.

Roedd anwadalwch cefnogaeth boneddigion wedi poeni Syr John Philipps ers peth amser, a chynigiodd ef y dylid taro ar ryw ddull o gael gan y boneddigion gyfraniadau cyson, parhaol ar gyfer yr ysgolion elusennol (18). Fodd bynnag, mae tystiolaeth fod rhai unigolion a gychwynnodd ysgolion dan ddylanwad y Gymdeithas wedi gwaddoli'r ysgolion, a'u galluogi i fynd ymlaen am gyfnod hwy. Er enghraifft, ymhen dwy flynedd ar ôl sefydlu ysgol yng Nghaerllion yn 1717, rhoddodd y sefydlydd waddol i'r ysgol. Yn 1710 rhoddodd Vincent Corbet waddol o bedair punt y flwyddyn i'r ysgol elusennol yn Nhywyn, Sir Feirionnydd, ac yn 1717 cafodd yr ysgol waddol o £10 y flwyddyn gan y Foneddiges Moyer, gweddw masnachwr o Lundain.

Er gwaethaf y problemau a nodwyd, ymddengys i o leiaf bymtheg a phedwar ugain o ysgolion gael eu sefydlu dan gyfarwyddyd yr S.P.C.K., ac i'r gymdeithas hefyd ysbrydoli agor neu drefnu ysgolion eraill yn ogystal. (Gweler tudalen 60.) Erbyn 1730 ychydig o ysgolion newydd oedd yn cael eu hagor ond parhaodd gwaith y rhai a waddolwyd cyn hynny.

(Dogfen 10)

CYLCHLYTHYR

"... Subscribe liberally toward the setting up of Schools for poor Children, and to instruct them in the Principles of the Christian Religion, and fitt them for employments, which is the most probable method of making them sound members of the Church and usefull ones of the State. As soon as you have intimated your carrier's direction, they will send you a packett of Books and Papers, together with the methods the Society has taken in raising Subscriptions and regulating the Schools which have already sett up in and about London, which may possibly be usefull to you in your deliberations about the same things in the Country. They desire you would from time to time give them information of what progress is made in these matters."

(Dogfen 11)

RHAI ATEBION

"... *Dr. John Jones May* 23, 1700. That they had set up several Schools for poor Children in those parts,

Dr. Robert Wynne of Gresford in Denbighshire, to Mr Chamberlayne, June 5, 1700. That they have distributed a considerable number of Books, & are consulting the education of poor Children a matter of much difficulty in those parts, no Welsh Schools being already Setled, wch language must be taught them, & Primers are ready to be printed for that purpose.

Mr John Price, of Wrexham, in Denbyshire, 4 *Oct.,* 1701, *to the Secretary,* Says, That as to their Society they find ye Gentry hearty and zealous enough in ye matter of Schools, yt he has one School set up already in his Parish, and a Promise of Subscriptions for more wn they can have fit Persons to undertake the work, for yt at present they are in great want of Persons thoroughly qualified for so good and necessary an employment."

(Dogfen 12)

COFNODION YR S.P.C.K., CHWEFROR 24, 1701

"... Ordered that Dr. Evans be desired to find out a fitt person who may translate into Welch the following Books and Papers, vizt:—

1. A Perswasive towards the Observation of the Lord's day.
2. The Caution against Swearing.

3. The Caution against Drunkenness.

4. A Rebuke to uncleanness.

Ordered that Dr. Evans do bring to the next meeting a List of such Welch Books as are proper to be sent to the Correspondents in Wales."

(Dogfen 13)

COFNODION YR S.P.C.K., TACHWEDD 18, 1703

". . . Agreed that a Committee be appointed for considering of a proper method for erecting Lending Libraries in Wales, where they are extremely wanted.

Agreed that the Ld. Bp. of Bangor, Mr. Lloyd, Dr. Bray, Sir Humfrey Mackworth, Sir John Philipps, Col. Colchester, Mr. Nelson, Mr. Brewster, or any three of them, be the Committee for the erection of Lending Libraries in Wales: and they to meet at Mr. Brewster's Chambers, on Tuesday next, at 7 o'clock in the evening."

(Dogfen 14)

CRYNODEB O LYTHYR I'R S.P.C.K., TACHWEDD 24, 1708

". . . Alderman Batchelor at Bristol, 24 Nov. 1708, that he had received the Carmarthen Librarie in four cases and agreed to ship them on board the Phillis of Carmarthen, EVAN HARRIS, Master, who has promis'd to deliver 'em with the letter for JNO VAUGHAN Esq. That his disbursments being but 18s. he had receiv'd it of the Boat-man, and given him an order to receive it with the Freight of Mr. VAUGHAN."

(Dogfen 15)

CRYNODEB O LYTHYR ODDIWRTH
SIR JOHN PHILIPPS, 1711

". . . That he has hopes of setting up a Ch. School at Templeton in Pemb. That he wishes there were a project for employing the ladies in some charitable work; that the making of Caps, Kerchiefs, Aprons, Bands, and even Shifts and Shirts for the poor would administer truer Comfort to them one day than all the pains and time they spend at their Surbels and Embroidery; that he is glad to own yt he has for some time past taken off his daughter from poring on her tent to busy her every day in making some provision for the Charity children."

(Dogfen 16)

CRYNODEB O LYTHYR ODDIWRTH
JOHN GRIFFITHS, Y TRALLWNG, 1720

". . . That they have now fixed a School there for 12 Boys to which there are Subscriptions p.ann. 26*l.* that he finds by Mr. PARKER'S account a boy of about 9 years old may be Cloathed for 17s 11d and therefore he should be glad to have an entire suit that he may see the method of it and know where he may send the Welchpool Carrier for it."

(Dogfen 17)

a. ". . . *Dr Jo. Jones, Dean of Bangor, at Bangor, Carnarvonsh. 20th June* 1716. That a Charity-School is lately erected at Beaumaris, in the County of Anglesey for 12 children taught and Cloathed at the expence of a person of honour; that another School is lately sett up at Llanfihangel in the same County, where 12 poor Children are taught, and another School at Bangor in Carnarvonsh. for 10 poor Children – another at Llanllechyd in Carnarvonsh. for 15 poor Children, another at Gyffin in ye same County for 10 poor Children. That it is impossible in those parts to fix the poor children constantly and regularly at School, because they must go ever and anon to beg for victuals, there being no poor rates settled in those parts. It is the constant method to relieve the poor at their doors, and the houses of the several Parishes being scattered about at considerable distances from each other increases the difficulty the poor Children labour under, & in harvest the poor parents take them out of School, and declare they had rather they should not be taught at all than be debarred of the use and service of them.

b. *John Pember at Prendergast, Pembrokeshire*, 18 *April* 1717. That some Masters of Charity-Schools in that County have been already, and the rest shall, God Willing, be desired to keep Registers of the names of the Children admitted into their respective Schools, as desired in ye Societys Circular Letter. Those Masters that are employed in that part of the County have so far assured him of their good affecon to the King, that they and their Scholars pray daily for K. George & The Royal Family. That the Master of St. Issels School and most of the other Masters in that part of the County complain that they cannot prevail upon the parents of ye poor Children to keep them constantly. That there are noe poor taught in Haraldston West. That the Master of Walton East School not being able to prevail with parents to send their children there, if Sr John Philipps pleases to give leave that School might be removed to Usmaston where he is in hopes of having many poor children taught."

(Dogfen 18)

PROBLEMAU ETO

a. ". . . *Herbert Pye, at Monmouth,* May 11*th* 1717. That he was in hopes of informing the Society before now of the progress made in the Charity-Schools there, but has been prevented by the divisions there as the choice of a Master for teaching the Boys. That himself and other have recommended one Mr. Crofts (who teaches the gentlemen of the Free School to write and cast accompts) a sober, industrious young man qualified in all respects to teach the Boys. But some Gentlemen have objected against him on account that his parents were Dissenters and that this has been industriously suggested to the Lord Windsor & his Brother who are the founders of the School, and have been so far influenced thereby as to threaten to withdraw their Subscription if he be chose. Notwithstanding he has assured them that the said Crofts has come constantly to Church & received Sacrament almost every month, and that thô it were true (as it is notoriously false) that he was bred a Dissenter, yet he ought to be encouraged because he is now a through Conformist. That all these arguments have not prevailed but the poor man has been sett aside and one David Jones, notorious for drunkeness and swearing chose by the Subscribers, and he has accepted of the business for 10 pounds p.ann. which has given so great a disgust to the generality of ye Town that they will not put their Children to him."

b. *John Pember at Haverfordwest* . . . "That in each of these Schools & in others as far as he knows, the Masters of every Charity School in Pembrokesh. and Carmarthensh. has the liberty to take into ye charity Schools children whose parents pay for their teaching, that they may be better qualify'd to stick close to their business and carefully instruct the poor."

GRIFFITH JONES, LLANDDOWROR A'R YSGOLION CYLCHYNOL

(DOGFENNAU 19-42)

Yr oedd yr Ymddiriedaeth Gymraeg a'r S.P.C.K. wedi arloesi'r syniad o addysg i'r tlodion, ond prin gyffwrdd ag ymyl y broblem a wnaethant. Yr oedd yn amhosibl cyrraedd nod yr S.P.C.K. o sefydlu ysgol ym mhob plwyf, gan mai boneddigion heb fawr o gyfoeth oedd yng Nghymru a gwerin heb fawr o frwdfrydedd. Byddai'n rhaid i gyfundrefn a fynnai lwyddo ar unrhyw raddfa eang ystyried y sefyllfa economaidd, ddiwylliannol a ieithyddol, a'i derbyn fel yr oedd. Un o ryfeddodau'r ganrif yw'r ffaith fod cyfundrefn felly wedi datblygu ac wedi parhau am dros ddeugain mlynedd.

Ni chafodd Griffith Jones unrhyw addysg brifysgol ac nid oedd yn un o ficeriaid mwyaf galluog Cymru yn ei genhedlaeth, o bell ffordd. Fe'i ganwyd ym Mhen-boyr yn 1683 a'i fagu ym mhlwyf anghysbell Cilrhedyn yng Ngogledd Sir Benfro. O sylwi ar y cyfeiriadau cyson at feddygaeth a salwch yn ei lythyrau mae'n bosibl iddo ddioddef afiechyd neu fod arno ei ofn. Nid oedd ganddo ddim o'r cynorthwyon amlwg i drefnu system fawr o ysgolion, nac adnoddau ariannol ar wahân i gasgliadau'r eglwys ac elusennau. £38 y flwyddyn oedd ei gyflog yn Llanddowror ynghyd â thŷ. Yn 1737, y dyddiad a ystyrir fel rheol yn ddyddiad cychwyn yr ysgolion cylchynol, yr oedd eisoes yn hanner cant a phedair.

Ar y llaw arall, yr oedd rhai ffactorau o'i blaid. Yn y blynyddoedd er ei ordeinio yn 1709 buasai mewn cysylltiad agos ag addysg, ac ers 1713 yr oedd wedi bod yn ohebydd yr S.P.C.K. Fel y dengys y dyfyniadau, datblygodd ei fudiad dan gysgod yr S.P.C.K. a dibynnai ar y Gymdeithas bron yn gyfangwbl am Feiblau a llyfrau. Syr John Philipps oedd ei noddwr, ac yn 1716 rhoddodd yntau iddo fywoliaeth Llanddowror. Yr oedd y cyfeillgarwch hwn, a'i briodas â chwaer Syr John, a chysylltiadau eraill â gwŷr yr S.P.C.K. fel John Vaughan, Derllys, wedi agor drws iddo i gylch cyfoethog a dyngarol. Un o'i alluoedd cynhenid, yn ôl pob golwg, oedd y gallu i drefnu. Pwysicach na dim arall oedd yr unplygrwydd a ddeilliai o ffydd ddofn. Yn ŵr ifanc, gwyddid amdano fel pregethwr didwyll a huawdl, a'i fryd ar achub eneidiau (19). Y flwyddyn cynt, 1713, gwrthodasai wahoddiad i fynd yn genhadwr i India'r Gorllewin: "upon the prospect he has of doing more service to religion in his Native Country that he can propose to do abroad". Yr ymroddiad diwyro hwn a'i cynorthwyodd i greu cyfundrefn a wnâi lawn ddefnydd o amser y disgyblion. Nid sefydlu ysgolion oedd ei nod, na gwella moesau, ond dysgu darllen i gymaint o bobl ag a oedd yn bosibl, gan fod hynny, yn ei dyb ef, yn ffordd i achub eneidiau.

Yn nogfennau 20 a 21 ceir syniad o'r parch a roed i Griffith Jones cyn iddo ddod i fri. Dengys dogfennau 22-25 sut y cychwynnodd ei gyfundrefn addysg. Ar Dachwedd 9, 1731, cydnabu iddo dderbyn hanner cant o Feiblau, ac mae'r ras i achub eneidiau yn cyflymu ac yn dwysáu. Credir, fodd bynnag, na chafodd y syniad o ddefnyddio ysgolfeistri teithiol tan 1737. Mae ei gais i'r S.P.C.K. am Feiblau yn dilyn yn rhesymegol y math o wasanaeth yr oedd y Gymdeithas wedi ei roi. Fel y gwelir yn nogfen 26, yr oedd merch John Vaughan o Dderllys eisoes yn dangos diddordeb mewn addysg i'r tlodion.

Rhaid i fudiadau y mae angen cyfraniadau ariannol arnynt argyhoeddi gwŷr cymharol gyfoethog eu bod yn cyflawni gwaith sy'n werth ei wneud. Fel arfer, cyhoeddant ryw fath o adroddiad gan gynnwys rhestr o danysgrifwyr weithiau. Gelwid adroddiad Griffith Jones yn *Welch Piety*. Cynhwysai restr o ysgolion a gynalasid y flwyddyn cynt a llythyrau yn cadarnhau'r gwaith a wnaed yn rhai ohonynt. Nid rhestri o danysgrifwyr a gaed ond rhestri o bobl y gellid danfon cyfraniadau atynt.

Yn nogfen 27 ceir rhestri a gymerwyd o *Welch Piety* am ddwy flynedd yn olynol. Gwelir fod yr ysgolion yn dechrau lledu i Ogledd Cymru yn y cyfnod hwn. Cyfres o wersi oedd "ysgol" a gan amlaf parhâi am dri neu bedwar mis. Ni chynhelid yr ysgolion i gyd ar yr un pryd mewn blwyddyn. Felly, yn ôl pob tebyg, byddai'r athro'n symud o'r naill i'r llall, ac o hyn y cafwyd y disgrifiad "teithiol". Lle ceir enw'r plwyf yn y rhestri, mae'n debygol fod yr ysgol yn cael ei chynnal yn eglwys y plwyf neu adeilad yn perthyn iddi, ar wahoddiad y ficer. Weithiau trigolion blaenllaw'r ardal a rôi'r gwahoddiad, ac oherwydd amgylchiadau lleol, efallai mai mewn ffermdy y cynhelid yr ysgol. Dengys y rhestri y gellid cynnal ysgol yn yr un man ddwy flynedd yn olynol, ond fel arfer "cylchynent". Cyfeiria'r rhifau ymhob blwyddyn at ddisgyblion a fynychai a fynychai yn y dydd, ac ni chyfrifid disgyblion nad oeddynt wedi cofrestru a ddeuai i ysgol nos. Yr oedd byrdra'r cwrs a'r dull uniongyrchol o ddysgu yn apelio at werin dan faich economaidd anodd. Yr oedd dysgu oedolion yn ogystal â phlant yn gwneud yr ysgol yn rhywbeth a berthynai i'r gymdeithas. Gan nad oedd angen adeiladau arbennig, gellid arloesi drwy fynd ag ysgolion i ardaloedd newydd, ond golygai hefyd fod yn rhaid i Griffith Jones drefnu'n ofalus fisoedd ymlaen llaw. Mae'r sylw hwn a wnaeth Griffith Jones mor gynnar â mis Tachwedd 1739 yn rhoi cipolwg inni ar y sefyllfa yn Llanddowror o bryd i'w gilydd: "Above fifty of the said masters are now gone to their employments, and have very full schools; some are here still, and more to come". Ceir syniad am y dosbarthiadau cynnar hyn yn y dyfyniad canlynol:

"In most of the schools, the adult persons do make about two thirds of the number taught in them. In some places, several who, for old age, are obliged to wear their spectacles, come into them. I am informed of two or three women, aged about sixty, who knew not a letter before, did attend constantly every day, except sometimes when they were obliged to seek abroad for a little bread; and discovered a very hopeful disposition, often weeping, and lamenting, that they had not an opportunity of learning forty or fifty years sooner; but resolved not to be sparing in pains-taking to come at it now".

Yr Iaith Gymraeg (28)

Ysgrifennwyd y sylw arbennig yma yn 1745 ond yr oedd yn destun y cyfeiriai Griffith Jones ato'n fynych. Yn 1731 roedd y dwymyn yn Llanddowror wedi pwysleisio'r ffaith fod pobl yn marw heb "a saving knowledge of the Gospel". Yr oedd amcan addysgol Griffith Jones yn syml ddigon – eu cynorthwyo i gael y "saving knowledge of the Gospel" drwy eu dysgu i ddarllen y Beibl a llyfrau crefyddol eraill, ac egluro peth o'u cynnwys.

Ni phetrusodd o gwbl yn ei gred y dylid dysgu Cymry Cymraeg i ddarllen y Beibl Cymraeg. Yr oedd hyn yn nodweddiadol o'i ddull ymarferol o weithio. Ond nid oedd hyn yn hollol dderbyniol gan rai o'i noddwyr Seisnig, a dyna paham y mae'n ailadrodd ei ddadleuon yn aml yn ei adroddiadau. Pan gynhelid ysgolion mewn ardaloedd Saesneg neu ddwy-ieithog, defnyddid mamiaith y disgyblion. Dibynnai iaith ysgolion Griffith Jones ar yr iaith y gallai'r disgyblion ei meistroli gyntaf. Ond daw ei gariad at ei famiaith ei hun i'r amlwg yn aml. Ar un achlysur ysgrifennodd: "I was born a Welshman, and have not yet unlearned the simple honesty and unpoliteness of my mother tongue", ac yn ei dyb ef yr oedd yr iaith Saesneg "now refined to such a degree, that a great part of it is near akin to flattery and dissimilation". Efallai fod y gwahaniaeth rhwng dau fyd, byd ffin Sir Benfro a Sir Gaerfyrddin ar y naill law a byd Caerfaddon ar y llaw arall, y tu ôl i'r geiriau hyn.

Mae'r ceisiadau a dderbyniodd Griffith Jones i'r ysgolion barhau yn awgrymu eu bod yn ateb galw mawr am hyfforddiant yng nghefn gwlad. Fel canlyniad i hyn, cafwyd cynnydd na welwyd mo'i debyg cynt yn nifer y bobl a allai ddarllen Cymraeg. Yr oedd Stephen Hughes wedi dechrau'r broses drwy ddylanwadu ar unigolion a gweithio'n ddyfal i ofalu bod mwy o lyfrau ar gael. Bu cyhoeddiadau'r S.P.C.K. yn hwb ymlaen i hyn hefyd, ynghyd ag ysgolion y Gymdeithas. Ond yng nghanol y ddeunawfed ganrif y daeth y pen-llanw. Syrthiodd y bobl dan hud geiriau wedi eu hargraffu, geiriau a oedd newydd ddod i olygu rhywbeth iddynt, a daeth iaith llenyddiaeth yn rhan o etifeddiaeth eu plant.

Problemau (29–31)

Yn nogfen 29 mae Griffith Jones fel petai'n cadw un llygad ar ei feirniaid ymhlith yr offeiriaid. Cyhoeddwyd y llythyrau i gyfiawnhau ei benderfyniad i gadw H.T. yn ysgolfeistr, ac ar yr un pryd gallent fod yn rhybudd i eraill beidio â "meddling with Things above their Sphere".

Codai anawsterau wrth geisio dod o hyd i athrawon. Gan gymryd yn ganiataol y gallent ddarllen, y cymhwyster pennaf oedd bod yn grefyddwyr selog, gan mai amcan crefyddol oedd i'r ysgolion. Yr ail gymhwyster oedd digon o frwdfrydedd dros y cynllun i allu mynd, ar eu pennau eu hunain, i bentrefi pell a dechrau dosbarthiadau. Nid yw'n syn fod Methodistiaeth hefyd wedi apelio at amryw o'r dynion ieuainc hyn a oedd yn ddifrifol eu natur. A bod yn fanwl gywir, yr oedd gan Fethodistiaid y cymwysterau crefyddol am eu bod yn aelodau o Eglwys Loegr, ond nid ymddygiad arferol eglwyswyr oedd yr eiddynt hwy, ac ym marn llawer o'r offeiriad ni ddylid eu cefnogi. Ceisiodd Griffith Jones atal ysgolfeistri rhag defnyddio'u swyddi i gynghori bobl, yn arbennig yn yr ysgolion nos. O edrych ar nifer o'r adroddiadau sydd ar gael, anodd penderfynu a oedd unigolion ymhlith yr athrawon wedi bod yn annoeth ar ôl cael cynulleidfa, neu a oedd mân siarad di-sail wedi gorliwio'r cyfeillgarwch y gwyddid ei fod rhwng Griffith Jones a'r arweinwyr Methodistaidd. Er enghraifft, paham y gwnaeth y Canghellor John Owen, ficer Llannor, ac un ar ddeg o offeiriaid eraill Sir Gaernarfon y cyhuddiad a ddyfynnir yn nogfen 30 yn erbyn Griffith Jones? Efallai bod athrawon wedi ymddwyn fel y dywedir ond, ar y llaw arall, mae'r llythyr yn llawn gwenwyn ac nid yw'n enwi neb yn arbennig. Yr oedd Canghellor Bangor yn elyn Methodistiaeth ac efallai iddo ddod i'r casgliad ar fyrder eu bod o'r un wythĩen. Daeth yn fwy tyner ei agwedd wrth iddo ddod i wybod mwy am yr ysgolion (31).

Ateb Griffith Jones i Feirniadaeth (32–35)

Yn 1745, gosodwyd rheolau caeth i lawr ar gyfer yr athrawon. Hefyd, yr oedd yn rhaid iddynt ddangos llythyr i bawb o bwys pan oeddynt yn cyrraedd eu hardaloedd (32). Felly, lle bynnag yr oedd ysgol, yr oedd hefyd fwrdd o arolygwyr yn barod wrth law. Mae'n rhaid bod cael eu harolygu gan wŷr lleol yn straen ar lawer o athrawon, ond yr oedd mantais i'r drefn hon hefyd, gan ei bod yn dod â phobl gymharol gyfoethog yn y gymdeithas i gysylltiad â'r ysgol. Golygai hefyd y gallai Griffith Jones gadw llygad ar bob ardal. Defnyddiai bron yr holl gyfraniadau a gasglai i dalu yr athrawon, ac yr oedd yn rhaid i'r athrawon gyfiawnhau eu cyflog o dair neu bedair punt y flwyddyn. Ni ellid fforddio gwastraffu ceiniog. Yn ogystal â gofalu am ddisgyblaeth yn gyffredinol, rhoddai'r system hon ffordd o brotestio i unigolion a gredai fod athro yn tueddu at Fethodistiaeth. Daw nodweddion ysgolfeistr delfrydol mewn ysgol elusennol, i'r amlwg yn y rheolau yma (33).

Ni chafodd Griffith Jones ddim cefnogaeth gan esgobion Cymru, ond dengys y llythyrau yn *Welch Piety* fod corff mawr o offeiriaid yn cymeradwyo'i waith. Erbyn i John Evans ymosod ar yr ysgolion (gweler tudalen 47) yn 1752, yr oedd canmol mawr ar lwyddiant yr ysgolion am cu dull uniongyrchol o ddysgu. Yr oedd Thomas Ellis, ficer dysgedig Caergybi a gwrthwynebydd y Methodis-tiaid, wedi bod yn casglu tanysgrifiadau ers dwy flynedd ac ysgrifennai nawr am "so great a benefit" a ddaethai i Gymru. Yn y flwyddyn honno yr ysgrifen-nodd Canghellor Bangor y llythyr a welir yn nogfen 31. Yr oedd llawer o ficeriaid Gogledd Cymru a gawsai addysg yn ei gefnogi'n agored.

Mae llythyr William Morris at ei frawd Richard, yn Llundain, yn crynhoi'n dwt ryfeddod yr hyn a oedd yn cael ei gyflawni. Yr oedd y chwyldro addysgol a oedd yn digwydd bryd hynny i gael dylanwad ar weithgareddau llenyddol a hynafieithol eu cylch hwy eu hunain, dylanwad a barhaodd tan yr ugeinfed ganrif. Amlygwyd awydd y dosbarthiadau isaf i ddarllen mewn amryw ffyrdd. Agorwyd argraffdai bychain, a chyhoeddwyd pamffledi, almanaciau a baledi.

Ysgolion Cylchynol 1772–3 (36–38)

Bu farw Griffith Jones yn 1761 ond aethai Mrs. Bridget Bevan o Dalacharn ymlaen â'r gwaith yn unol â'i ddymuniad ef. Merch John Vaughan o Dderllys oedd, a gweddw Arthur Bevan o Dalacharn, a hi oedd prif noddwr Griffith Jones o blith y Cymry. Gan ystyried rhif yr ysgolion, 1772–3 oedd eu cyfnod gorau. Yn y rhaglith i'r rhestr dywedir, fel yn adroddiad 1739–40 a 1740–41, fod gwŷr, gwragedd a phlant yn dysgu darllen "and catechetically instructed every Day they are at school" . . . "in the Principles and Duties of Religion, out of the Church Catechism and the Explanation of it, for Four or Five, and sometimes for Six Months, or longer . . . ". Fodd bynnag, yn y cyfnod rhwng y rhestri blaenorol a rhestr 1772–73, yr oedd y gyfundrefn wedi dod yn fwy ffurfiol mewn un ystyr. Yn yr adroddiadau o 1754–5 ymlaen, gwelir y geiriau " . . . and many in the Night who cannot attend by Day".

O'r rhestr (36) mae'n bosibl gweld sut y lledodd yr ysgolion drwy Gymru, a hefyd gellir gweld faint o ysgolion oedd ym mhob ardal. O'u cymharu â rhestri blaenorol, gwelir fod llawer mwy o dai yn cael eu defnyddio. Efallai y byddai astudiaeth fanwl o blwyfi arbennig yn dadlennu paham y defnyddid y tai hyn. A oeddynt wedi eu lleoli mewn mannau cyfarfod naturiol ynteu a oeddynt ar gyrrau pell plwyfi mawr? Efallai y gallai ymholi am y teuloedd a drigai yn y tai a enwir roi gwybodaeth am y cysylltiad rhwng yr ysgolion a'r Methodistiaid a'r Ymneilltuwyr. Awgrymwyd na fu Madam Bevan mor ofalus â Griffith Jones i geisio osgoi'r cyhuddiad fod cysylltiad rhwng yr ysgolion a Methodistiaeth. Anodd diffinio perthynas Griffith Jones (a Madam Bevan) â'r Ymneilltuwyr. Er iddo fynnu i'w athrawon gydymffurfio â'r patrwm Anglicanaidd, eto ymddengys iddo benodi Ymneilltuwyr yn athrawon. Gwelir fod rhai o'r mannau y cynhelid ysgolion ynddynt yn gartrefi Ymneilltuwyr y gwyddys amdanynt, neu yn Dai Cwrdd Ymneilltuwyr, a daeth rhai o'r llythyrau yn *Welch Piety* oddi wrth weinidogion Ymneilltuol.

Rhydd iaith yr ysgolion dystiolaeth ddibynadwy ynglŷn â'r ardaloedd lle y defnyddid y Gymraeg yn y ddeunawfed ganrif. Sylwer nad oedd ysgol Saesneg ei hiaith yn Sir Forgannwg yn rhestr 1772–73. Saif Llanbedr-y-fro ryw bum milltir o Gaerdydd. Pwysleisia llythyr John Basset unwaith eto allu'r ysgolion cylchynol i addasu i amgylchiadau lleol (37).

Nid Mary Gough oedd yr unig ferch a gyflogid yn athrawes, er mai lleiafrif bychan iawn oeddynt (38). Mae'n amlwg nad oedd ei dosbarth wedi meistroli'r grefft o ddarllen. Ni ddywed y llythyr a fu hi'n dysgu yn y ddwy ysgol a gynhaliwyd yng Nghennin yn Llanfihangel-y-Pennant rhwng Gŵyl Fihangel 1772 a Gŵyl Fihangel 1773. Cynhaliwyd dwy ysgol yn Eglwys Blwyf Llanfihangel yn 1774–5, a 73 o ddisgyblion yn y naill a 28 yn y llall. Nid oes unrhyw sylwadau arnynt yn *Welch Piety* y flwyddyn honno.

Daethai'r arfer o gateceisio plant yn yr eglwys bob wythnos i ben yn yr ail ganrif ar bymtheg. Credai Griffith Jones ac offeiriaid eraill efengylaidd ei fod yn anhepgorol fel dull o drwytho plant mewn gwybodaeth grefyddol. Yn yr ystyr yma, ceidwadwyr yn hytrach nag arloeswyr oedd Griffith Jones a'i gefnogwyr. Erbyn diwedd y ddeunawfed ganrif, yr oedd beirniadu ar y dull ffurfiol hwn o holi a ddilynai batrwm mor gyson.

Ystadegau (39)

Cymerwyd y rhestr hon o *Welch Piety*. Dylid bod yn ofalus rhag ei derbyn fel tystiolaeth derfynol o allu i ddarllen. Ymddengys ei bod yn debyg y byddai angen ail gwrs ar lawer o bobl cyn y gallent ddarllen (38). Felly, os cynhaliwyd dwy ysgol yn yr un ardal o fewn blwyddyn, gellid bod wedi cyfrif rhai pobl ddwywaith wrth roi rhif y disgyblion. Ar y llaw arall, mae'n bosibl fod nifer debyg o ddisgyblion a âi i'r ysgolion gyda'r nos, nad oedd eu henwau ar y gofrestr. Yn ogystal, efallai i rai na fynychai'r ysgol ddysgu crefft darllen gan ddisgyblion a fu yno. Haerai William Williams, Pantycelyn, wrth ysgrifennu yn 1790: "There is reason to believe that the fourth part of the poor inhabitants of South Wales are incapable of reading their mother tongue; and in North Wales one part out of three of the poor, if not one out of two, are total strangers to the rudiments of their native language". Mae'n debyg mai amcangyfrif ceidwadol o rif darllenwyr yw hwn, yn ôl natur ei ddadl. Pa mor anfoddhaol bynnag oedd y sefyllfa i William Williams, mae'n amlwg ei bod wedi gwella'n aruthrol. Mae'r rhestr yn nogfen 39 yn drawiadol fel tystiolaeth o'r effaith fawr y mae'n rhaid bod yr ysgolion cylchynol wedi ei chael ar bob rhan o Gymru, hyd yn oed a chofio bod yn rhaid bod yn ofalus wrth dderbyn rhif y disgyblion. Gellir priodoli eu llwyddiant i raddau helaeth i ofid didwyll Griffith Jones dros wneud pawb "good in this World and happy in the next", ei allu i drin pobl ac i drefnu. Ond cyfrannodd dwy elfen arall at eu poblogrwydd. Yn gyntaf, yr oedd ymdrechion yr Ymddiriedaeth Gymreig a'r S.P.C.K. cyn hyn wedi rhoi'r syniad ar led ymhlith tlodion cenedlaethau hŷn fod addysg yn beth i'w chwennych. Yn ail, yr oedd pregethu brwdfrydig y Methodistiaid wedi ysgogi awydd newydd i ddeall y Beibl. Pa anawsterau bynnag a barodd y Methodistiaid i Griffith Jones ar un adeg, agweddau ar yr un adfywiad crefyddol oedd y ddau fudiad, ac yr oedd un o gymorth i'r llall. Mae'r argraffiadau o'r Beibl yn Gymraeg a gyhoeddodd yr S.P.C.K. yn arwydd o'r Gymru newydd. Rhwng 1717 a 1769 cyhoeddodd yr S.P.C.K. fwy na 70,000 o Feiblau Cymraeg.

Madam Bevan (*Dogfennau* 40–42)

Er bod y ffigurau yn nogfen 39 yn gorffen yn 1776, mae'n debyg i'r ysgolion fynd yn eu blaen tan farwolaeth Madam Bevan. Mae'r frawddeg olaf ar y gofeb (42) yn or-symleiddio gobeithiol. £10,000, fwy neu lai, oedd cyfanswm yr arian parod, yr ernesau ac yn y blaen y sonnir amdanynt yn ei hewyllys (40). Yn groes i'w bwriad hi, ni ddefnyddiwyd yr arian i fynd ymlaen â gwaith yr Ysgolion Cylchynol am fod ei pherthnasau yn dadlau ynglŷn â'r ewyllys. Felly, daeth y system yma o addysg i ben (41). Aeth deng mlynedd ar hugain heibio cyn i'r arian gael ei ryddhau i'w ddefnyddio ar gyfer addysg. Erbyn hynny, yr oedd wedi cynyddu i dros £30,000. Mae'n rhaid bod y gofeb yn Eglwys Llanddowror wedi ei chodi cyn sylweddoli defnydd mor ddi-ddychymyg a wnaed o'r £30,000. Sylweddolir yn well mor aneffeithiol oedd y defnydd a wnaed o'r arian o gofio fod Griffith Jones, ar un adeg, wedi amcangyfrif fod 12,754 o bobl wedi eu dysgu am £850.

(Dogfen 19)

BRWDFRYDEDD GRIFFITH JONES I EFENGYLU, 1714

"... That Mr. Jones of Laugharne has lately undergone a Sort of Tryal before the Bishop of St. David's at Carmarthen, where several of the clergy appear'd against him, whose principal accusation was his neglecting of his own Cure, and intruding himself into the churches of other Ministers without their leave, the contrary whereof was manifestly prov'd, viz., that he never preach'd in any other place without being invited either by ye Incumbent, Curate, or some of ye best inhabitants of the Parish. That he had indeed preach'd twice or thrice without ye walls of ye Church, the reason of wch was because the church was not large enough to contain ye hearers, which sometimes amounted to 3 or 4000 people. That his defence was so clear and satisfying that the Bp declar'd he was willing Mr. Jones should preach any where, having an invitation from the Minr or ye place. That Mr. Jones is very importunate with him to procure some more Bibles and other good Books from Mr. Auditor Harley, to whom he desires a tender of that charitable request may be made with his humble service."

Crynodeb o lythyr i'r S.P.C.K.

(Dogfen 20)

HANES AR LED AM GRIFFITH JONES, 1736

"... I have been informed there is a clergyman in Carmarthenshire – one Mr. Griffith Jones – a great man ... if I can come to be known to him it must be through the dissenters, for the clergy hate him for his singular piety and charity to the dissenters."

Llythyr i Joseph Harris

(Dogfen 21)

BARN MYFYRIWR, 1743

"... (Llanddowror) where I stopped to hear Mr. Griffith Jones, who explained some verses of ye Psalms he had read. His words came with power as a man of God."

Thomas Morgan

(Dogfen 22)

CRYNODEB O LYTHYR I'R S.P.C.K.

"... *Griffith Jones, Landowror, Carmarthenshire, 22 Sept. 1731 directed to Mr. Philipps.* That it is a very sickly time near his neighbourhood where many die and many more are sick of a nervous kind of feavour. He thinks it a proper time to propose a Welch School at Landowror for all comers to learn to read & be supplied with Books and taught gratis, desiring of the Society 40 or 50 of the small Welch Bibles upon the usual kind terms that they favour their Members with & other Books, this would be great charity to our poor."

(Dogfen 23)

HANES YSGOLION. TACHWEDD 1736

"Yesterday I had a letter from the curate of Devynock about having a Welsh school there. At daybreak to-morrow I will go on horseback for Llanvirnach to meet two or three clergymen concerned in the Schools, viz., Brock of Nevern, Thomas of Puncheston, etc. Give me an account of your schools in Llandilo and Llandebie."

Rhan o lythyr at Madam Bevan oddi wrth Griffith Jones

(Dogfen 24)

DYFYNIAD O WELCH PIETY 1738–9

"The first attempt this way was tried about seven or eight years ago, with no other fund to defray the expense of it, than what could be spared from other occasions out of a small offertory by a poor county congregation at the Blessed Sacrament; which being laid out first to erect one, and then a little time afterwards two Welsh schools, answered so well, that this gave encouragement to attempt setting up a few more; and Divine Providence was not wanting to bring in benefactions to support them. It pleased God to increase their success and number all along to this time; in so much that this last winter and the present spring the number of these schools has amounted to seven and thirty; several of them having two, and some three masters; who are obliged[3] to keep a methodical list of the names, places of abode, ages, quality, calling and condition in the world, disposition and manners, progress in learning, etc., of all the men, women and children that are taught by them."

(Dogfen 25)

CRYNODEB O LYTHYR I'R S.P.C.K.

"*Griffith Jones at Landowror*, 18th October 1739, desiring the Society would favour him with 3 or 400 Welsh Psalters on their usual Terms to be put aboard the "Amity" to Carmarthen, BENJAMIN HOWELL, Master, who intends to be in London in abt a fortnight, and desires H.N. would send him any pamphlets about Mrs. STEPHENS' Medicine."

(Dogfen 26)

CYFEIRIAD GAN HOWELL HARRIS AT MADAM BEVAN, 1736

"I have been last week in Carmarthenshire for 6 days, when I met some of ye greatest in that county of my sentiments. If I should not succeed here Mr. Gr. Jones will help me to a School till I shall be provided for. I have been introduced to Lady Bevan, lady of ye town Member. She gives up herself entirely to doing good, distributes Welsh Bibles about, has several Charity Schools on her own foundation. She has – they tell me – about £500 per ann. att her own command (she has no children) and spends it mostly on charitable uses. I think she is ye finest lady I ever saw in all respects. She made me a present of a very fine pocket Testament, and encouraged me, whatever happens, to go on with what I am doing, and that I should not want a friend."

Rhan o lythyr at ei frawd, Joseph

(Dogfen 27)

YSGOLION 1739–40 A 1740–41

Medi 1739 – *Awst* 1740   *Breconshire*

Where taught	N° of Scholars	Where taught	N° of Scholars
Merthur Cynog	38	*Penderyn*	54
Llanavan fawr	48	*Carnant in Penderyn*	60
Llanganten	25	*Tâf-fechan*	54
Llanvihangel pont prenbuan	33	*Glyn collwyn*	39
Ystrad welltey	47	*Llangattog Crìg Howel*	20
Llangammarch	71	*Aber Càr in Tâf-fawr*	51
Llanwrtyd	79	*Lluel*	62

Awst 1740 – *Awst* 1741   *Breconshire*

Where taught	N° of Scholars	Where taught	N° of Scholars
Coed y Cymmar in Vaynor	47	*Llangynog*	44
Llanllowenvel near Garth	42	*Llechwallte in Llangynog*	47
Llandilo'rvane	43	*Trefecka*	55
Llanwrtyd	68	*Sclydach in Llywel*	56
Dyvynnock	42	*Llanganten*	33
Llanthow	62	*Blaen y glais in Veynor*	25
		Tavechan in Llandeffy	32

Medi 1739 – *Awst* 1740   *Cardiganshire*

Where taught	N° of Scholars	Where taught	N° of Scholars
Llanddewi-brefi	105	Tregaron	30
Llandysil	70	Llandewi-Aberarth	87
Llandisilio gogo	51	Hen-fenyw	60
Cidblwyf Llannina a Llanllwch haiarn	75	Llanwynnen	82
		Nant cwnlle	48
Llansaint Frêd	170	Llanwenog	50
Llanbadarn Odwyn	66	Cardigan Town	40
Llanbadarn Church	63	Llanrhystyd	48
Trefilan	95	Henllan	99
Llanvihangel-Ystrad	110	Panty Mawr in Llangrannog	50
Llampiter pont Stephan	99		
Ditto at Lampiter	50	Pencarreg	67

Awst 1740 – *Awst* 1741   *Cardiganshire*

Where taught	N° of Scholars	Where taught	N° of Scholars
Troed yr oyr	47	Dihewyd	52
Llangynllo	13	Another School in Llansaintfred	80
Llandyfriog	53	Another School in Dihewyd	55
Llanvair Treflygen	47		
Blaenporth	96	Llanina	54
Aberporth	78	Llanbadarn Trefeglwys	60
Verwick	98	Argoed in Llanddewi brefi	45
Nantcwnlle	53		
Llangeitho	49	Another School in Llangeithio	33
Penbryn	147		
Henfenyw	84	Llannarth	46
Kilkennin	87	Llanwenog	49
Llanddewy Aberarth	67	Llanllwch haiarn	55
Lledrod	73	Llandisilio	57
Llanilar	83	Henllan	68
Llansaintfred	60	Ystrad	60
Llanddinol	68	Llanrhystyd	44
Sylian	86		
Tregaron	45		

Medi 1739 – Awst 1740 Carmarthenshire.

Where taught	N° of Scholars.	Where taught	N° of Scholars
Muddfey	68	Cwm deri cyrn in Llannon	92
Rhandir ganol in Lanvairbrin	80	Kilcwn	41
Merthur	52	New-well in Llang-ynock	55
Llanllian Chappel	70	Ty-jets in Llangundeirn	55
St. Ismael's	62	Llangunheiddon in Llandefeylog	56
Kidweli	50	Bettus fach	66
Llandeu sant	93	Llanwynnis	48
Pemboyr	55	Llanelly	67
Dyffryn Tywy	19	Penbre	47
Mynydd bach in Llandilo-fawr	112	Llangathen	95
Ty gwyn ar Dâf alias Whiteland	51	Llanvihangel Kilfargen	45
Llanddarog	47	Llangattock	55
Llenarth	41	Coedeu in Llannon	56
Langoler	70	Park y deunaw in Lanarthney	47
Llan y crwys	110	Porth y rhyd in Llan-ddarog	50
Tal-lluchau	99	Llangwendraeth in Llangendeirn	69
Abergorlech	60	Llanddowror	45
Cwrt y Cadno in Caio	50	Llanvihangel-Aber-bwthyn	69
Llandylas near Llan-dovery	55		
Forest in Llandingad	19		
Trallwyn cau in Lanvairbryn	61		

Awst 1740 – Awst 1741 Carmarthenshire

Where taught	N° of Scholars	Where taught	N° of Scholars
Penbrey	57	Llanvihangel Kilfargen	71
Ryd y ffwlbert, near Castell cerrig cynnen	60	Garth in Tal-llychau	73
Felindre Sawddau in Llangatock	54	Llangeler	67
Llanelly	44	Penboyr	76
Pant-y-llyn, near Llandybie	54	Ystrad ffin	44
St. Ismaels	20	Llan y Crwys	68
		Trelech ar Bettus	52
		Llan-newydd	42
		Mydrym	47

Awst 1740 – *Awst* 1741   *Carmarthenshire—continued.*

Where taught	N° of Scholars	Where taught	N° of Scholars
Cwmdowe in Pen-carreg	73	*Cwrt y Cadno in the upper part of Caio*	57
Pentre ty wyn in Llan-vair-ar-bryn	45	*Pencarreg*	46
Kilrhedyn	46	*Llangathen*	46
Kilcwm	50	*Llangynnwr*	83
Pen y rheol near *Co-thy bridge*	62	*Llansadwrn*	66
Llanfynydd	47	*Nant bai in Llanvair ar y bryn*	60
Llanwinio	38	*Troed yr oyr in Tal-llechau*	75
Llangyndeirn	24	*Troed y rhiw in Llan-vihangel rhos y corn*	58
Llanddarog	57	*Felin Marlais* in *Llanvihangel*	54
Llanvihangel-orarth	78	*New-well, Llangynog*	23
Llanvihangel-aber-bythych	52	*Yscar goch in Llan-vair'bryn*	52
Llandowror	20	*Llandingad*	36
Caio	73	*Abergorlech*	45
Llanybyddar	50	*Llansawel*	48
Felingwm in *Llanegwad*	14		

Medi 1739 – *Awst* 1740   *Caernarvonshire*

Awst 1740 – *Awst* 1741   *Caernarvonshire*

Where taught	N° of Scholars
Llangybi	85

Medi 1739 – *Awst* 1740   *Denbighshire*

Where taught	N° of Scholars
Denbigh Town	58

Awst 1740 – *Awst* 1741   *Denbighshire*

Medi 1739 – *Awst* 1740   *Glamorganshire*

Where taught	N° of Scholars.	Where taught	N° of Scholars
Coyty	58	*Clynogwr*	46
Llandidwg bridg-end	66	*Bettus* near *Neath*	53
Pen y fau, near *New Castle bridg-end*	52	*St. Goris*	37
Gelligâr	45	*Ynys fach in Llanylltyd fawr*	56
Llantrisaint Village	67	*Tonnau in Llanylltyd*	58
Llansamled	64	*Ynys bowys in Llangranog*	41
Cefenseison in Llanylltyd	55	*Croynant Chappel in Cadexton*	74
Aberdâr	67	*Laleston*	55
Llanwynno	20	*Llandilo-tal y bont*	107
Llanylltyd fairdref	51	*Henffig near Margam in Modlen*	53
Merthur Tudfil	55	*Llanblethian*	64
Pont Cadifor in Merthur tudfil	45	*Llanhary*	44
Eglwys Helen	45	*Pentyrch*	38
Eglwysilian	39	*Meline ystrad y Mynach*	43
Aberdâr	60	*Wayn fawr in Bedwellty*	36
Llanguke	84	*Llanvabon*	66
Llangyfelach	116	*Ystrad Gynlas*	50
Wayn Cygurwen in Languke	45	*St. Andrews*	47
Llangrallog	70		
Llanddiddan, near *Cowbridge*	62		

Awst 1740 – *Awst* 1741   *Glamorganshire*

Where taught	N° of Scholars	Where taught	N° of Scholars
Llansamlet	90	*Llangynwyd*	69
Llanguick	96	*Illan*	49
St. John	118	*Llandilo tal y bont*	53
Gelly gron in *Llanguick*	135	*Ton y planwydd* in *Cadoxton*	48
Wenallt in *Llantwid*	67	*Castlychwr*	41
Ty lloyd in *Cadoxton*	73	*Ystrad Gynlais*	94
Ynys fach in *Llantwid*	56	*Llantrisant*	41
St. Michael	104	*Dinas* in *Llantrisant*	29

Medi 1739 – *Awst* 1740   *Merionythshire*

Where taught	N° of Scholars
Nant y deiliau in Llanuwchllyn	98

Awst 1740 – *Awst* 1741   *Merionethshire*

Where taught	N° of Scholars
Llanychllyn	40

Medi 1739 – *Awst* 1740   *Monmouthshire*

Where taught	N° of Scholars		Where taught	N° of Scholars
Tranch in Trevethyn	81		*Aberquiddon near Pentwyn Mawr in Mynyddy slwn*	40
Glascod in Trevethyn	36		*Heol y Forest in Bedwellty*	46
Pentre bach in Lanvihangel Llantarna	80		*St. Brides*	36
Llanfachas	38		*Usk*	44
Llanvihangel-cilycornel	46		*Bedwas*	46
Mynyddyslwn	47		*Another School in Bedwas*	55
Goitre	100			
Tonn Sawndwr in Llanvihangol Fanachlog	46			

Awst 1740 – *Awst* 1741   *Monmouthshire*

Where taught	N° of Scholars
Wolves Newton	42
Llanbadock	78
Mache	62
Goitre	44
Aberystruth	33

Medi 1739 – *Awst* 1740   *Montgomeryshire*

Where taught	N° of Scholars
Cappel banhadlog	50
Tref-Eglwys	54

Awst 1740 – Awst 1741   Montgomeryshire
none

Medi 1739 – Awst 1740   Pembrokeshire

Where taught	N° of Scholars	Where taught	N° of Scholars
Llan-y Cefn	70	*Llanfyrnach*	52
Trelettart al Letterston	38	*Fynachlog-ddu*	35
Castel Newydd bach al. little New Castle	30	*Trefîn*	36
Clydey	54	*Trefeka near St. David's*	52
Trefwomon, al. *Brimeston*	25	*Plwyf y Groes near St. David's*	25
Richeston	20	*Solfach*	45

Awst 1740 – Awst 1741   Pembrokeshire

Where taught	N° of Scholars	Where taught	N° of Scholars
St. Davids	196	*Eglwys-Erow*	30
Llanrhythan	57	*Clydey*	52
Letterston	94	*Abergwayn*	66
Llysyvrane	56	*Llanunda*	64
Castle Beigh	51	*Kilmanllwyd*	35
Trefîn	59	*Newport*	64
Llanvyrnach	49	*Baivyl*	67
Monington	53		

Medi 1739 – Awst 1740   Radnorshire

Where taught	N° of Scholars
Llansaint frêd	54
Cwmteuddwr	98
St. Harmons	55
Llanwrthwl	65
Llandegle	68
Nammel alias *Nant y mêl*	68
Llandrindod	54

Awst 1740 – *Awst* 1741   *Radnorshire*

Totals for the year

Medi 1739 – *Awst* 1740		*Awst* 1740 – *Awst* 1741	
N° of Schools	150	Number of Schools	128
N° of Scholars	8765	Number of Scholars	7595

(Dogfen 28)

YR IAITH GYMRAEG

"Shall we be more concerned for the Propogation of the *English* Language, than the Salvation of our People? Alas! SIR, must they not be taught in the Things which concern their Salvation, till they be instructed in a Language they do not as yet understand? This would be harder Treatment than the common People meet with in Popish Countries, who tho' they have not the Prayers, yet are favoured with the Instructions of the Church in their own Language. Most of the *Welch* Poor, particularly the Elderly People among us, will find it impossible to learn *English*; and very many that have been three or four Years in an *English* School, could hardly be taught to read perfectly, and could learn no more of the Language than to speak a little broken *English* about their common Affairs, but were altogether unable to understand *English* Books or Sermons, and other religious Instructions; whereas they may be taught the Principles of Religion, and not only to read, but likewise to understand what they read in their own *British* Language, in three or four Months, or sooner. Such as are able to acquire the Knowledge of the *English* Tongue, may apply themselves, as some have done to learn it. The *Welch Charity Schools* are not in the least a Hindrance, but rather a Help to it: . . .

. . . This Objection has been already very fully answered in the yearly Accounts of these Schools, to which I must refer You; and therefore I need say no more than this, that *Welch* Charity Schools are only for the *Welch* poor People, that neither do nor can understand any other Language. To give them *English* Schools, must be the same as setting up *French* Charity Schools for the Poor in *England*. It is absurd in the very Reason and Nature of the Thing, to set about instructing the People in Religion in any other Language but such as they understand."

Welch Piety

(Dogfen 29)

LLYTHYRAU I GRIFFITH JONES YNGHYLCH H— T—., 1741

"Since you require an Account how *H— T—* attended his School in the Parish of *Languick*, I assure you I was very careful of it, and I really believe the *Welch* Schools did a great deal of Good. I was informed, that you were told *H— T—* published Meetings in publick Places as the *Methodists* do, which I believe is false: but I am sure he has been frequently invited to many private Houses, where he gave good Advice in compliance with the Request of the Family. I have been informed by credible Persons who are Monthly Communicants at *Languick*, that he never received any Payment from the Parents of the Children who were under his Tuition. I Catechised his Scholars several times in the Parish Church of *Languick* and likewise administered the Sacrament to him in the said Church once a Month, during his Continuance among us . . .
Yours, &c.

Thomas Jenkins, Minister of *Languick.*

I am obliged to trouble you again in Behalf of the Bearer *H— T—* who has applied to me for a Vindication, and a just Representation of his Behaviour and Conduct in these Parts as a *Welch* Schoolmaster, against the false Aspersions and irregular Proceedings laid to his Charge—
. . . he has been charged, and he confesses it in part himself to be true, with exhorting in the Religious Societies lately established here: He seems to be very sensible of his Indiscretion in being over persuaded by some hot-headed People to take upon him in the least the Part of a Teacher, and promises he will never attempt such Things again. . . . I believe the Bearer would make a very laborious Schoolmaster, and therefore I am for having him continued, especially as I think him fully convinced of the Folly of meddling with Things above his Sphere. I am, dear Sir, yours, &c.

William Thomas, Curate of *Cadoxton.*"

Welch Piety, 1741

(Dogfen 30)

AGWEDD JOHN OWEN, CANGHELLOR BANGOR, 1743

"*These South Wales, Enthusiastick Itinerants pretend to be Church of England People, and come to Church; but at nights they creep into such Houses as they are able to work themselves a way to, and there delude Ignorant Men and lead Captive Silly Women and Children by despising the Clergy* and accusing them of *not preaching the Truth of the Gospel,* assuring their Hearers that We are all *Dumb Dogs*, *Blind Guides*, *False Prophets*, *Hirelings;* that we *lye* in our pulpits. But that *they* and *none others* are the *Elect, the Chosen of God, the Predestinated, the Regenerated*—that they *cannot Sin* in their *Regenerate State;* that *They only* are the *true Ministers of Christ*. They promise Heaven to their Followers; and, as if the Keys of Heaven were intrusted to them alone, they *Damn* all others in order to terrify the *Illiterate* into their *Faction—They assure them that their Fathers and Grandfathers are in Hell: and that they see visible Marks of Damnation in the Faces of such as will not become Methodists*—And to alienate the Affections of Weak People, yet further from the *Established Church*, they maintain that our most excellent *Liturgy* is a dead *Letter*; a *Heap of Popish Rubbish composed by Devils*.

Dyfynnwyd gan John Evans, 1752"

(Dogfen 31)
AGWEDD CANGHELLOR BANGOR, ETO

"The following Certificate came from the Reverend Dr. *Owen*, Chancellor of *Bangor*, and was received *August* 27, 1752.

Llannor in *Carnarvonshire*, 1752

This is to certify whom it may concern, that *W— R—*, Master of the *Welch* Charity School in the said Parish of *Llannor*, did behave himself soberly, and performed his Duty faithfully and honestly during the last Quarter, by following strictly the Rules prescribed, and hath about the Number of Seventy Scholars; most of whom I find, upon examination, to be improved very much, having made a considerable Proficiency in reading the *Welch* Language beyond Expectation. This I attest:

J. Owen, Vicar ibidem."

Welch Piety

(Dogfen 32)
"'LLYTHYR AT BAWB A DRIGANT YN AGOS I'R YSGOLION CYMRAEG', (CHWEFROR 1745)

"Gwybydded pob un o'r Ysgolfeis tred,eu bod tan *Orchymmyn caeth a Rhwymedigaeth*, na chynnygiont gadw Ysgol, heb ddwyn y *Llythyr hwn*, a'r *Rheolau canlynol*, gyd â hwynt yn feunyddiol, ac i'w dangos i bawb oddi amgylch yr Ysgolion ag y ddêl o hŷd iddunt; fel y gallo'r cyfryw *wybod a thystiolaethau*, pa un a fyddont hwy (sef, yr Ysgolfeistred) yn cadw'r *Rheolau hyn* yn ddidwyll; a'u dwyn ganddunt yn ôl, yn nïwedd y Cwarter, gyd ag Enwau'r *Gwŷr cyfrifol* a'u darllenasant; fel, o's bydd achos, y gellir ymofyn â hwynt ynghylch Ymddygiad y Meistred.

Y Llythyr

Fe ddymunir yn ostyngedig ar bawb a garant DDUW . . . i ymweled yn fynych â'r *Ysgolion Cymraeg* a fyddo'n agos iddunt, i fynnu gwybod, *pa fodd y maent yn cael eu trefnu; pa fath yw Dyfalwch ac Ymddygiad y Meistred; pa Gynnudd o Wybodaeth, ac Argoelion gobeithiol o Râs, fydd yn y 'Sgolheigion*; ac i gyfarwyddo ac annog y Meistred a'r 'Sgolheigion i roddi cwbl Ddïwydrwydd yn y Gwaith y maent yn ei gylch. Gan mai *drygioni 'sgeler* fyddai, i ddynion anffyddlon gamarferyd a wastio Elusen a roddir er *Ffynniant Crefydd, a Llês Eneidiau;* ac na bydd y neb a gelo arnunt yn *gwbl ddieuog;* mi a attolygaf, gan hynny, ar bawb a wyddo am danunt, i anfon attaf, yn 'sgrifennedig, am yr Ysgolion a fo'n agos iddunt, mor neillduol ag a allont, ynghylch pob peth a berthyn iddunt; yn enwědigol, *pa un a fyddont yn llwyddo; a pha un a fyddo'r Meistred yn ddïwyd, yn ffyddlon, ac yn gwneuthur yn ôl y Rheolau:* fel y byddo i'r *Elusenwaith hwn* gael ei ddwyn yn y blaen (*er Gogoniant i Dduw, a Chynnudd Duwioldeb*) yn y modd mwyaf llwyddiannus a difeius ag a ellir."

Welch Piety

(Dogfen 33)

"RHEOLAU YR YSGOLION *CYMRAEG:* SEF

Bod i'r Meistred fod yn sobr, yn caru Duwioldeb, yn Aelodau o Eglwys *Loegr*, yn ffyddlon i'r Brenin a'r Llywodraeth, yn rhai a fo'n ymroddi i fod yn ddidwyll ynghylch eu Gwaith; heb rodienna'n afreidiol ac yn segur oddi amgylch, nac ymryson ynghylch Pyngciau dadleugar mewn Crefydd, na dilyn neb rhyw arferion gwrthwyneb i Air Duw, i Gyfraith y Tîr, neu Drefn yr Eglwys, nac ymyrru yn ôl unrhyw beth ni pherthyn i'w Galwäd; eithr cadw yn fanol ac yn onest y *Rheolau canlynol.*

1. Bod i'r Meistred, heb law dysgu eu 'Sgolheigion i 'sbelian, a darllain y cyfryw Lyfrau ag y bwyntier iddunt, eu dysgu hwynt hefyd, a'u holi yn ofalus, *ddwywaith bob dydd*, yng *Nghatecism yr Eglwys*, ac yn ur Ystyr o hono allan o'r *Esboniad printiedig* ag fydd i'w arferyd yn yr Ysgolion; a rhoddi rhyw ychydig Byngciau o hono, bob nôs, i'r 'Sgolheigion i ddisgu ar eu côf erbyn drannoeth; gan eu cyfarwyddo i ddyall yr Ystyr a'r Arwyddocâad o hono cyn belled ag y medront; ac i hyfforddi'r 'Sgolheigion i *atteb yr Offeiriad yn fedrus, yn barchus, ac yn ddefosiynol*, yng *Ngwasanaeth yr Eglwys*, allan o'r *Gweddiau Cyffredin* a wnier wrth y *Catecism;* a bod iddunt, cyn gyntad ac mor fynych ag a allont, i'w dwyn i *ddywedud eu Catecism* wrth Weinidog y Plwyf.

2. Bod i'r Meistred a'r 'Sgolheigion edrych am ddyfod yn forau i'r Ysgol bob dydd, a pharphâu yn ddiesgeulus hyd yr hwyr, a dyfod yn gysson i'r *Addoliad cyhoeddus bob Sabbath;* ac i'r Meistred, bob Dydd Llun, holi'r 'Sgolheigion ynghylch y *Pennodau, a Thestyn, a Phennau'r Bregeth* a glywsant yn yr Eglwys y Dydd o'r blaen; ac ymosod yn bar-

chedig ac yn ddiysgafnder i *ganu Salm, a gweddio Duw*, ynghŷd yn yr Ysgol, bob borau a hwyr; gan weddio beunydd dros *Gynhysgaeddwyr elusengar* yr *Ysgolion hyn,* ac am *Fendith* DUW ar y rhai a *ddysgir ynthunt:* a bod i'r Meistred rybuddio eu 'Sgolheigion yn ddyfal yn erbyn pob drwg arferion; megis Tyngu a Rhegu, camarferiad o Enw DUW, halogi'r Sabbath, dywedud Anwiredd, a'r cyffelyb; a'u hannog i ochelyd cyfeillach dynion llygredig, a gwâg-ddifyrrwch pechadurus y byd; ac i droi at DDUW, trwy Ffydd yng NGHRIST, oddi wrth bob anwiredd ac ofer ymarweddiad; gan ymddwyn eu hunain yn gariadol, yn barchus, yn ostyngedig, ac yn addfwyn, tu ag at bob dŷn; yn ddïwyd ac yn ffyddlon yn eu Gwaith, a'u Negesau, a Dyledswyddau eu Lleoedd: yn enwëdigol, i Blant ufuddhâu, a pharchu, a mawrhâu, eu Rhieni; ac i Wasanaethwyr fod yn ufudd, yn ofalus, ac yn ffyddlon, yng ngwaith ac achos eu Meistred: Ac iddunt weddio DUW beunydd, wrthunt eu hunain yn y dirgel, am Râs DUW i'w cymmorth ym mhob peth; gan ymegnio hefyd, hyd eithaf ag a allont, mewn Addfwynder a Doethineb, i osod i fynu *Addoliad* DUW yn y Teuluoedd lle byddont.

3. Bod i'r Meistred gadw a rhoi i mewn, ym mhen eu Cwarterau, neu cyn pen Mîs ar ôl hynny o'r hwyaf, Gyfrif cywir o'u 'Sgolheigion, eu Henwau, eu Hoedran, Y Llyfrau y maent yn eu darllain, a'r Amser (sef, Rhifedi y Misoedd a'r Wythnosau) y bu pob Ysgolhaig yn yr Ysgol; a pha gymmaint o *Esboniad y Catecism* a ddysgasant; ynghyd ag Enw'r Lle, y Plwyf, a'r Sîr, lle'r oedd hi; pa bryd y dechreuodd ac y dïweddodd yr Ysgol; gyd ag Enw y Meistr; wedi ei sertiffeio gan Weinidog y Plwyf, neu o'r hyn leiaf gan y Golygwyr a fo'n edrych atti, a'r cyfryw rai eraill a fo yn wîr onest, cymmeradwy, ac adnabyddus yn y gymmdogaeth. Dan ammod i'r Ysgolfeistred ddilyn y *Rheolau hyn* yn ofalus, a'u cyflawni'n onest, yr addewïr iddunt y Cyflogau a arferir i dalu, yn ôl nifer y 'Sgolheigion, a'r amser y bônt yn yr Ysgol. Ac, am hynny, y Meistred, ag y ddodir yn y Gwaith hwn, a ddylent edrych am fod yn ddiesgeulus ac yn rheolus yntho; rhag syrthio dan euogrwydd na's gallont atteb o'i blegid ger bron DUW; a, chyd â hynny, iddunt fod yn ddidaliad."

Welch Piety

(Dogfen 34)

TYSTIOLAETH THOMAS ELLIS O GAERGYBI, 1754

"This is to certify, that *J— T—*, Teacher of the Circulating *Welch* Charity School in *Holyhead*, has behaved exceeding well in his Office during the last Quarter, and the Children under his Care have made a suitable Proficiency.

My Parishioners grow more sensible of the Value of the Instruction gained in the *Welch* School, preferably to that useless smattering in

English, (which is not gotten but at a great Expense of Time and Money, and yet is very soon lost for want of Practice and a thorough Proficiency in that Language) and the Number of Scholars therein in increased considerably of late, which makes my Parishioners and me very desirous of the longer Continuance of the School here."

Welch Piety

(Dogfen 35)

SYLWADAU GAN WILLIAM MORRIS O GAERGYBI, 1752

"Wawch! pa beth ydyw y twrwf erchyll sydd o gwmpas y Neuadd Wen! Pa beth sydd yn darfod i'r siaplan yna, pan fo yn y modd erchryslon yma yn ceisio taflu i lawr a llarpio mal llew rhuadwy ein hysgolion Cymreig ni. Y rhain, yn nhŷb pob Crist'nogaidd Gymro diduedd 'ynt dra mawr fendith i'n gwlad. Ai allan o'i bwyll y mae'r dyn? Pam waeth pwy a yrro ymlaen y daionus orchwyl, bydded o Dwrc, Iddew brŷch, Pagan neu Fethodyst? Oni fyddai hyfryd gennych a chan bob Cymro diledryw weled yn yr ysgol yma, sef ymhlwy Cybi, ond odid 40 neu 50 o blantos tlodion yn cael eu haddyscu yn *rhodd* ac yn *rhad* i ddarllain yr hen Frutanaeg druan ag i ddeall egwyddorion ein crefydd."

(Dogfen 36)

YSGOLION CYLCHYNOL, 1772–3

Anglesea		*Breconshire*	
Where taught	N° of Scholars	Where taught	N° of Scholars
Llandyfrydog P.Ch.	58	*Prisk* in *Llangattock Cryghowel* Par. }	33
Another Sch. at d°	44	Another School in d°P.	55
Llangeinwen Par. Ch.	106	*Llanelly* Par. Ch.	45
Another School at d°	103	*Llwyn St Michael* in *Cwmdu* Par. }	62
Trogog ucha in *Amlwch* Par. }	47	*Pontneathfychan* P.C.	25
Another School at d°	43	*Glynhamlet* in *De-vynnog* Par. }	43
Pilwrn in d° Par.	61	*Llidiart y neuadd* in *Aberesgur* Par. }	32
Llangefni Par. Ch.	41	Night School at d°	10
Llanvihangel Tre'r Bardd P. Ch. }	54	Another School at d°	29
Aberffraw Par. Ch.	17	*Glan y dwfr* in *Battle* P.	31
Another School at d°	19	*Collycoch* in *Llanga-march* Par. }	35
Another School at d°	15		
Another School at d°	13		
Llanddona Par. Ch.	61		

Breconshire—continued

Where taught	N° of Scholars
Porth in *Merthur* Par.	28
Ty'r Gwtter in *Land-valley* Par.	35
Skethrog in *Lansaint fread* Par.	31
Another School at d°	35
Another School at d°	24

Cardiganshire

Where taught	N° of Scholars
Penycnwc in *Llanfair oerllwyn*	33
Cardigan Town	49
Priory in ditto	53
Pendderw in *Llandissilio gogo* Par.	54
Cwr y Coed in *Llandigwydd* Parish	86
Another School at d°	88
College in *Llanwenog* Parish	138
Night School at ditto	63
Another School at d°	83
Night School at ditto	35
Bettus Bledrus P. C.	79
Night School at ditto	39
Ffynnon Oer in *Ystad* P.	83
Swydd y ffynnon in *Lledrod* Parish	62
Rhyd lwyd in ditto	74
Night School at ditto	38
Another in ditto	48
Penlan in ditto	48
Night School at ditto	30
Treddol in *Llanganfelin* Parish	59
Another at ditto	52
Bontlangorwen in *Llanbadarnfawr* P.	89
Night School at ditto	50
Llechwedd in ditto P.	50

Cardiganshire—continued

Where taught	N° of Scholars
Night School at ditto	64
Nant cwnlle P. Ch.	87
Another at ditto	48
Henfenyw Par. Ch.	93
Another at ditto	78
Shop goch in *Llanarth* Parish	100
Rhyd yr ysgwydd in *Llangranog* P.	79
Llangunllo Par. Ch.	94
Another at ditto	82
Cryg yr bwch in *Verwick* Parish	80
Another at ditto	73
Llanrhystyd Village	52
Penbryn Par. Ch.	75
Aberporth Par. Ch.	71
Lanon in *Llansaintffraid* Parish	93
Dol y pandy in *Llanvihangel y Croythyn* Parish	71
Night School at ditto	109
Another at ditto	24
Llanfair Clydogau P.C.	84
Night School at ditto	33
Llechryd Chapel	70
Ty'n y cluttiau in *Eglwys newydd* P.	52
Gwern Ynad in *Llangoedmors* P.	73
Another at *Lechryd*	70

Carmarthenshire

Where taught	N° of Scholars
Gwayn clynda in *Llansadwrn* Par.	61
Llwyn y gwin in *Llanvihangel-Abercowen* Par.	41

Carmarthenshire—continued

Where taught	N° of Scholars
Another School at d°	32
Pwll Trap in *St Clairs* P.	40
Another School at d°	26
Llancedernen P. C. English School	60
Another School at d°	36
Ty newydd in *Llanvihangel Ararth* P.	66
Night School at d°	26
Waeddgryg in d°	81
Capel Evan in *Cilrhedyn* Par.	26
Another School at d°	66
Penpynfarch in d°	52
Night School at d°	21
Ffynnonhenry in *Conwyl Elvet* Par.	74
Night School at d°	29
Another School at d°	47
Garreg in *Cauo* Pa.	96
Night School at d°	60
Glanllech in *Llanddeusant* Parish	140
Night School at d°	55
Another School at d°	120
Llandeveyson P. C.	72
Castlehowel in ditto	35
Heol y Bont in ditto	41
Another School at d°	35
Ty newydd in *Cilycwm* Par.	225
Night School at d°	70
Another School at d°	55
Banke in *Talley* Par.	89
Night School at d°	45
Gallt fawr in d°	47
Another School at d°	80
Capel newydd in *Abergwily* Par.	19

Carmarthenshire—continued

Where taught	N° of Scholars
Llanvihangel uwch Gwily Chapel in d° Parish	67
Another School at d°	55
Henbant in *Pencarreg* P.	66
Esgerdawe in d°	89
St Clairs Par. Ch.	59
Croes y ceiliog in *Llandeveylog* P.	52
Night School at d°	22
Another at d°	46
Rhiwle in *Llanllawddog* Par.	33
Llanwinio Par. Ch.	55
Bettus Chapel in *Trelech* Par.	34
Rhyd yr Eirin in *Llanddarog* Par.	58
Pwllhagddu in *Llanwrda* Par.	62
Llanllwch Chapel	47
Another School at d°	29
Llandowror Par. Ch.	25

Carnarvonshire

Where taught	N° of Scholars
Llanaelhaiarn P. C.	71
Cennin in *Llanvihangel Pennant* P.	89
Another at ditto	61
New Chapel in *Llangian* Par.	141
Clynog Par. Ch.	107
Another at ditto	103
Another at ditto	63
Crickerth Town	107
Night School at ditto	19
Another at ditto	93
Night School at ditto	19

Carnarvonshire—continued

Where taught	N° of Scholars
Another at Sch. ditto	77
Ty'n y ddol in *Llanberis* Parish	97
Carngiwch Par. Ch.	78
Llanrhechwyn Par. C.	60
Llanor Par. Ch.	77
Bettus y Coed Par. C.	47

Denbighshire

Where taught	N° of Scholars
Yspytty Evan Par. C.	41
Caer y Driwidion P. C.	51
Llangwm Par. Ch.	53
Another Sch. at ditto	58
Nant y Glyn Par. Ch.	61
Another at ditto	79
Llansaintffraid Village	54

Flintshire

Where taught	N° of Scholars
Kilcen Par. Ch.	70
Marian in Caerwys P.	68
Another at ditto	55
Night School at ditto	40

Glamorganshire

Where taught	N° of Scholars
Nant y groes in *Aberdare* Parish	34
Another at ditto	29
Hirwen in ditto P.	49
Another in ditto	47
Ty'r Cwm in ditto	44
Gelly lwch in *Llanwonno* Parish	17
Llantwit Verdre P. C.	48
Another at ditto	40
Llantrissent Town	22
Groesfaen in *Llantrissent* Par.	68
Another at ditto	40

Glamorganshire—continued

Where taught	N° of Scholars
Coyty Village	41
Another at ditto	45
Mardyhouse in Radir P.	33
Gellyheblyg in *Bettus* P.	41
Another at ditto	23
Old Castle Bridge End	30
Ty'n y gwarrau in Lly P.	34

Merionethshire

Where taught	N° of Scholars
Llangower Par. Ch.	48
Another at ditto	50
Llanyckil Par. Ch.	21
Rhyd ucha in ditto	58
Another at ditto	70
Night School at ditto	30
Another at ditto	64
Night School at ditto	26
Another in *Llangower*	46
Ty'n y bont in *Llanfawr* Par.	101

Monmouthshire

Where taught	N° of Scholars
Abergavenny Town	50
Another at ditto	54
Night School at ditto	15
Another at ditto	63
Night School at ditto	15
Another at ditto	75
Cwm carvan P. Ch.	33
Llantrissent Par. Ch.	30
Another at ditto	40
Another at ditto	46
Newport Town	70
Another at ditto	70
Another at ditto	66
Lanvaches Par. Ch.	43
Lanarth Par. Ch.	61
Another at ditto	70
Another at ditto	75

Monmouthshire—continued

Where taught	N° of Scholars
Goetre Par. Ch.	55
Another at ditto	32
Lanover Par. Ch.	36
Wolvesnewton P. Ch.	36
Another at ditto	36
Monmouth Town	43
Another at ditto	60
Glasgoed Hamlet, Usk P.	50
Langwym P. Ch.	66
N.B. *The above* 26 *Schools in this County were* English.	
Bettus Par. Ch.	33
Another at ditto	32
Coedcae mawr in *Trevethin* Par.	67
Henllys Par. Ch.	34

Montgomeryshire

Where taught	N° of Scholars
Llanwyddelan P. C.	60
Another at ditto	47
Cae child in *Trefeglwys* Parish	61
Another at ditto	41

Pembrokeshire

Where taught	N° of Scholars
Basselford in *Rosemarket* P.Eng.Sc.	35
Another at ditto	28

Pembrokeshire—continued

Where taught	N° of Scholars
Blaen y gors in *Manachlogddu* Par.	36
Night School at ditto	43
Walton West P. C.	51
Another at ditto	44
Cilgwyn Chapel in *Nevern* Par.	30
Brynbyrrian in ditto P.	34
Eglwys-errow P. C.	57
Night School at ditto	37
Afel in ditto Par.	36
Hayscastle P. C.	52
Night School at ditto	13
Llanhowel Par. C.	57
Ty wrth y Llan in d° P.	42
Felinganol in ditto	24
Reynalton Par. C. Eng. School	44
Another School in *Hayscastle* P. C.	35
Pen Singrig in *Clydey* P.	47
Pont ar Sali in *Maenordivy* Par.	52
Another at ditto	52
Rhiwgau in *Cilgerran* P	57
Amroth P. C. Eng School	72
St David's City	31
Brawdy Par. Ch.	53

Total Number
of Schools   242

Number of Scholars 13205

(Dogfen 37)

YSGOL GYMRAEG YN LLANBEDR-Y-FRO

"*Peterston super Ely* in *Glamorgansh*. Oct. 17, 1773.

MADAM

David William, who, by your benevolent and laudable Direction, hath taught poor Children to read *Welch* in several Parts of this County, did open a School for that Purpose in my Parish of *Peterston super Ely*. During the Time he was there, I have the Pleasure to inform you that the Children improved as much as could be desired, under his Care: But before he was there full three Months he was obliged to break up his School on the Approach of the Harvest. The poor People, in Consideration of the Benefit their Children received during the Time they were under his Tuition, desire I would request you would be so kind as to permit him to open his School in *Peterston* for some Months again.—I beg Leave to desire you would favour their Petition, who am,

John Basset, Rector of Peterston super Ely."

Welch Piety

(Dogfen 38)

MERCH YN ATHRAWES

"*Llanvihangel y Pennant* in *Carnarvonshire*, Sept. 27, 1773.

This is to certify, that Mary Gough, Teacher of the *Welch* Charity School in this Parish, has been very diligent and industrious in the discharge of her Duty. I have publicly examined her Scholars on Sunday before the Congregation, in the *Church Catechism* and the *Exposition*. They have performed to the entire Satisfaction of all the Auditors then present.— Pray permit the School to continue a little longer amongst us, that what is successfully carried on hitherto, may be brought to a greater Perfection. I am, &c.

Evan Hughes, Clerk."

Welch Piety

(Dogfen 39)

YSTADEGAU

The Number of
W E L C H Charity Schools and Scholars
For Forty Years past.

		Schools	Scholars
In the year	1737	37	2400
	1738	71	3981

		Schools	Scholars
In the year	1739	71	3989
	1740	150	8767
	1741	128	7995
	1742	89	5123
	1743	75	4881
	1744	74	4253
	1745	120	5843
	1746	116	5635
	1747	110	5633
	1748	136	6223
	1749	142	6543
	1750	130	6244
	1751	129	5669
	1752	130	5724
	1753	134	5118
	1754	149	6018
	1755	163	7015
	1756	172	7063
	1757	220	9037
	1758	218	9834
	1759	206	8539
	1760	215	8687
	1761	210	8023
	1762	225	9616
	1763	279	11770
	1764	195	9453
	1765	189	9029
	1766	219	10986
	1767	190	8422
	1768	148	7149
	1769	173	8637
	1770	159	9042
	1771	181	9844
	1772	219	12044
	1773	242	13205
	1774	211	11685
	1775	148	9002
	1776	118	7354

Total 6321 304475

(Dogfen 40)

DYFYNIAD O EWYLLYS MADAM BEVAN, 1779

". . . to Dame Elizabeth Stepney, William Lloyd, George Bowen, and Zachary Bevan, their executors, administrators and assigns, all the said bibles and other religious books, together with all the books and other effects, and personal estate, late of the said Griffith Jones, and also all the residue of her own personal estates and effects, in trust, to pay, apply and dispose of the same for the use of the Welsh Circulating Charity Schools so long as the same should continue, and for the increase and improvement of Christian Knowledge, and promoting religion, in such manner as the said trustees for the time being should think most proper; and moreover, that they should purchase, from time to time, such new bibles and other religious books as they should think fit for such pious uses and purposes as were intended concerning those already bought or acquired."

Report of the Commissioners for Inquiring concerning Charities

(Dogfen 41)

SIOM YNGLŶN Â'R EWYLLYS, 1793

"Ie, paham yr ydym mor esgeulus a goddef i ddeng mil o bunnau gael eu cymmeryd oddiwrthym mewn ffordd anghyfreithlon, lle dylasent gael eu cymhwyso yn ôl ewyllys Madam Bevan o Lacharn at gynnal plant y tlodion mewn Ysgolion Cymraeg yn unig?"

Morgan John Rhys

(Dogfen 42)

COFEB YN EGLWYS LLANDDOWROR

"Sacred to the Memory of Mrs. Bridget Bevan, formerly of Laugharne, who was interred in this Church A.D. 1779 aged 82 years.

This pious and charitable lady was at the expense of educating several worthy young men for the work of the ministry . . . To her also the Principality is indebted, . . . for the permanent endowment of the Welsh Circulating Charity Schools, to which she bequeathed funds amounting together with the accumulations which accrued during a protracted suit in Chancery, to more than £30,000."

SEFYDLIADAU ELUSENNOL ERAILL

(DOGFENNAU 43–45)

Yn y rhan fwyaf o Gymru ni fyddai'r tlodion wedi gallu cael dim addysg o gwbl yn ystod ail a thrydydd chwarter y ddeunawfed ganrif onibai am Griffith Jones a Madam Bevan. Ond yr oedd rhai ysgolion a waddolwyd gan unigolion. Rhoddir enghreifftiau yma o ddau waddoliad gwahanol iawn i'w gilydd. Yn eglwys Rudbaxton mae cofeb drawiadol i Thomas Howard, ei wraig a'i fab o Fletherhill, a'i ferch Mary Tasker (43 a 44). Yr oedd i'r wraig hon waddoli elusendy yn unol â'r hen arfer o ofalu am y tlodion. Yr oedd y cam cyntaf a gymerodd Maer a Chyngor Hwlffordd i ddefnyddio'r arian hefyd yn yr hen draddodiad. Fodd bynnag, mae'r cyfarwyddyd a roddwyd yn 1706 yn dangos ysbryd mwyaf blaengar y cyfnod, ac, yn ôl pob tebyg, mae'n adlewyrchu dylanwad Syr John Philipps. Mae natur yr ysgol wedi newid yn gyfangwbl erbyn hyn, ond mae ysgol Tasker's yn Hwlffordd hyd y dydd heddiw.

Pan fu farw Dr. Daniel Williams, Gweinidog Ymneilltuol o Wrecsam, yn 1715, gadawodd tua £50,000 ar gyfer amryw gynlluniau dyngarol. Sefydlwyd Llyfrgell Dr. Williams yn Llundain, a gwaddolwyd ysgoloriaethau i fyfyrwyr yn paratoi ar gyfer y weinidogaeth gyda'r Ymneilltuwyr, ym Mhrifysgol Glasgow, gan na dderbynnid hwy i Rydychen na Chaergrawnt. Cyfeiria dogfen 45 at sefydlu ysgolion. Gwrthwynebwyd y cynllun gan offeiriaid a phrif drigolion Fflint, Biwmares a Chonwy, ac, yn y diwedd, sefydlwyd yr ysgolion Anghydffurfiol hyn yn Ninbych, Caernarfon, Trefaldwyn, Llanuwchllyn, Trelawnyd a Phwllheli. Fel yr oedd ef wedi gobeithio, parhaodd yr ysgol yn Wrecsam ar agor. Nod tebyg i nod ysgolion yr S.P.C.K. oedd i ysgolion Dr. Williams, a thebyg hefyd oedd eu dull o gyflwyno gwybodaeth grefyddol ond bod iddynt ogwydd Presbyteraidd. Ar ôl 1870, defnyddiwyd gwaddoliad Dr. Williams i'r ysgolion (a oedd erbyn hynny yn Ysgolion Prydeinig) i sefydlu ysgol breswyl i ferched yn Nolgellau.

(Dogfen 43)

DYFYNIAD O EWYLLYS MARY TASKER, 1684

"... MARY TASKER, then late of Castle Pill in the parish of Stainton, in the county of Pembroke, widow, deceased did by Will, bearing date 2d August 1684, devise all her estate ... unto the said parties ... and out of the same to build an almshouse in the said town and county, for the breeding and maintenance of poor children of both sexes, which by the approvement of the said Mayor and six or more of the said trustees, or their successors, should for ever thereafter be admitted into the said house; and that a competent maintenance out of the said estate should be allowed them yearly, until they should be put apprentices to convenient trades, and likewise some money, at the discretion of the said mayor and six or more of the said trustees, might be given towards the setting out each such apprentice, and a like sum at the expiration of their apprenticeship; ... and also directed that poor children might be admitted into the said house, as well out of the parishes of Rudbaxton and Stainton, in the said county, as out of the said town and county, of Haverfordwest; and that the said mayor with the 12 trustees, and the minister of the said town and county, together with the ministers of Rudbaxton and Stainton, should have power to appoint a master and governor."

Report concerning Charities

(Dogfen 44)

SEFYDLU YSGOL ELUSENNOL MARY TASKER

a. "... that the persons nominated to take care of the building an almshouse for Mrs. Tasker's charity were appointed to make part of the market-place fit for a school, for a schoolmaster to teach and instruct such poor children as should be put therein."

(*Order Book* of Mayor of Haverfordwest)

b. "A letter from Mr. Pember was read March 27, 1707, 'that the Charity-School there (which was open'd on 4 December last) was endow'd by a Gentlewoman who died 15 or 16 years ago. That the Master has a good house and 5*l*.p.ann. Salary, for which he teaches 20 Boys and 12 Girls to read, write, and Cast Accts., and the Girls are taught to Sew and Knitt.' "—M. 27 March, 1707.

Minutes of S.P.C.K.

(Dogfen 45)

DYFYNIAD O EWYLLYS DR. DANIEL WILLIAMS

". . . I will that my brother and sister Roberts, and the survivor of them, shall, during his or her natural life, possess all that my estate in Burton and Crosshowell, &c., in Denbighshire, which I bought of Mr. Smith, and have power to distrain and recover the same, he and she paying yearly 6*l.* to Mr. Kenrick or other the Presbyterian dissenting minister in Wrexham, and 10*l.* a-year to such a man as they shall appoint to teach 20 children to read and write and instruct them in the principles of religion . . . My will is that they, the trustees, choose and appoint some pious grave person for to teach 20 poor children for to read English and instruct them in the principles of the Christian religion, in these following towns, for as long a time as my said trustees shall think fit and meet, and no longer; viz., Denbigh, Flint, Carnarvon, Montgomery, Beaumaris, or else Conway, Merioneth, or Holt, and Chelmsford, paying 8*l.* per annum to every such teacher as long as each of the said teachers shall be approved by the said trustees, who shall give to each of the said learners one of the catechisms, commonly called the Assembly's Catechism, with the proofs at large, and one of my books, called the Vanity of Childhood and Youth, when they can repeat the catechism without the proofs, and a Bible when they can repeat the proofs also. I will the same method and way be used and continued with the learners of Wrexham, after my brother and sister Roberts' death, and that the 10*l.* now appointed for the teachers there, now payable by them, be made 15*l.* per annum, that so 25 boys may not only be instructed as before, but also such of them taught to write as are willing to learn. I desire some one, in each of these towns, be desired to inspect the management; and I appoint the teachers to pray daily with the learners, and that they be paid faithfully as long as my said trustees shall approve of them, and that others be nominated upon the death or removal of any of them by my said trustees."

Report concerning Charities

YSGOLION SUL

(DOGFENNAU 46–48)

Am fod anghydfod wedi codi ynglŷn ag ewyllys Mrs. Bevan daeth yr Ysgolion Cylchynol, fel mudiad cenedlaethol, i ben. Poenai amryw sut yr oedd y tlodion yn mynd i ddysgu darllen a chael hyfforddiant moesol, a cheisiodd dau ŵr gychwyn ysgolion ar raddfa fechan dan ofal athrawon teithiol. Thomas Charles, arweinydd y Methodistiaid yn y Bala, oedd y naill, ac Edward Williams, gweinidog gyda'r Annibynwyr yng Nghroesoswallt oedd y llall. Fodd bynnag, yn Lloegr, yr oedd y syniad o ysgolion ar Ddydd Sul wedi datblygu, ac yn 1785 sefydlwyd Cymdeithas yr Ysgolion Sul. Cychwynnodd Edward Williams bump o Ysgolion Sul yng Nghymru cyn 1789. Gŵr arall a gefnogai'r syniad oedd Morgan John Rhys (46 a 47), a rhoddodd ef gryn sylw i ddulliau dysgu. Ond yn Lloegr y treuliodd Edward Williams ran olaf ei oes ac aeth Morgan John Rhys i America. Thomas Charles, o blith arweinwyr y genhedlaeth honno, a wnaeth y cyfraniad mwyaf effeithiol i addysg Cymru. Ar y dechrau nid oedd yn frwd dros Ysgolion Sul, ond, unwaith yr argyhoeddwyd ef o'u gwerth, bu'n llwyddiannus iawn yn eu trefnu, a lledasant gyntaf ymhlith y Methodistiaid ac yna ymhlith enwadau eraill.

Ar un olwg, câi'r tlodion lawer yn llai o oriau yn yr ysgol bob wythnos. Ond rhaid cofio fod hyn yn broses o addysgu a âi ymlaen am oes. Pwysigrwydd addysgol yr Ysgol Sul oedd ei bod yn cadw pobl i ddarllen, ac yn ysgogi meddwl hyd yn oed os oedd cylch y trafod yn gyfyng. Yr oedd yn bwysig i'r diwylliant Cymreig, am mai dyma'r unig ysgolion yn y bedwaredd ganrif ar bymtheg a ddefnyddiai'r iaith Gymraeg mewn ardaloedd lle'r oedd yn gyfrwng naturiol cyfathrebu. Daeth geirfa'r Beibl yn rhan o siarad arferol y werin, ac felly parhaodd y broses o greu cyhoedd a oedd yn darllen Cymraeg. Cafodd llawer o bobl help ysbrydol o fynychu'r Ysgol Sul, a chadwodd y capeli, yn arbennig, eu lle yn y gymdeithas drwy waith yr Ysgolion Sul. Dengys dogfen 48 sut yr oedd math newydd o fywyd ymysg y werin yn dod i fodolaeth yn Sir Benfro yn 1809. Bydd y disgrifiad o'r cyd-adrodd yn taro tant ym meddwl unrhyw un sydd yn gyfarwydd â'r Gymanfa Bwnc a gynhelir yn Ne Orllewin Cymru. Yr oedd gŵyl yr Ysgolion Sul i ddal yn nodwedd amlwg o fywyd cefn gwlad hyd yr ungeinfed ganrif, ac yn un o'r elfennau a unai'r gymdeithas. Ni ddylid diystyru pwysigrwydd cymdeithasol y mudiad. Byddai bod yn athro yn meithrin hyder a oedd yn ddefnyddiol mewn meysydd eraill. Datblygodd yr ysgolion mewn cysylltiad â Chymdeithas yr Ysgolion Sul a chaent lyfrau sillafu Cymraeg a Thestamentau gan y gymdeithas honno. Er hynny datblygodd yr Ysgolion Sul yng Nghymru ar linellau gwahanol i Ysgolion Sul Lloegr.

Fel yr Ysgolion Cylchynol, dysgai'r Ysgolion Sul ddarllen, ond yr oedd eu dull o gyflwyno gwybodaeth grefyddol yn hollol wahanol. Prif nodwedd dosbarthiadau oedolion oedd trafod rhan o'r Beibl ar y pryd, a thrwy'r dull yma y cyfrannodd yr Ysgolion Sul at ddatblygiad ysbrydol a meddyliol. Wrth ddysgu, tueddai'r Methodistiaid gadw ychydig gateceisio gyda'r plant bach, ac mewn ambell ardal defnyddiai'r Ymneilltuwyr y dull hwn hefyd.

Tua diwedd y ddeunawfed ganrif, gwelir cymhelliad newydd yn dod i'r wyneb, weithiau, yn yr ymdrechion i ddod ag addysg i'r tlawd. Yr oedd Morgan John Rhys, un o arloeswyr y syniad o Ysgolion Sul, yn aelod o'r grŵp cyntaf o feddylwyr gwleidyddol rhyddfrydol. Nid efelychu amcanion yr Ymddiriedaeth Gymreig, yr S.P.C.K., Griffith Jones a Madam Bevan oedd ei unig nod, ond yn hytrach anelai at roi rhyddid i bobl drwy addysg (46).

(Dogfen 46)

CYMHELLIAD NEWYDD I ADDYSGU'R TLODION, 1793

"Yr ydym yn cyd–ymdeimlo â chwi dan y baich o anwybodaeth yr ydych yn ei ddwyn yn rhy foddlon. Y mae'n resyn meddwl fod neb am eich cadw yn eich anwybodaeth i'r diben i'ch gwneud yn gaeth–weision i'w melus chwant. Ni wyddom ni fod un achos, ond eu hanwybodaeth yn peri i genedl yr hen Fryttaniaid fod fel y Gibeoniaid i dynnu dw'r a thorri coed fel caeth–weision i bawb eraill. Pa ham gan hynny na byddem yn ymdrechu i gael gwybodaeth, o ddynion a phethau yn ein hiaith ein hunain."

Morgan John Rhys

(Dogfen 47)

DULLIAU DYSGU

"Dylai'r athro ddarllen gwers yr ysgolhaig yn gyntaf, o'i flaen, ac annog y plentyn i ddysgu adrodd pob gair yn eglur heb fradychu y naill trwy ei foddi â sŵn, a llindagu y llall wrth ei lusgo. Dylai'r athro ofalu na byddo'r plant yn cymmeryd geiriau ar amcan cyn eu hadnabod, rhag wrth hynny iddynt arfer llysenwi geiriau; rhaid hefyd gochelyd na *hym*'s na *ha*'s na *ho*'s nac *y*'s rhwng y geiriau, eithr adrodd pob sillaf a gair yn eglur, heb na *hecc* na *hacc* nac unrhyw dôn hir llaes arall. Bydded y tôn yr un wrth ddarllen ac wrth siarad."

ibid

(Dogfen 48)

YSGOLION SUL YN SIR BENFRO

"*Annwyl Frawd,* Trefine, Ionawr 11, 1809.

Da iawn genyf gael eich cyfarch â'r hanes gysurus am yr Ysgolion Sabbothawl, yn swydd Pembro, a pharthau isaf swydd Ceredigion (Aberteifi) a llawer man yn siroedd ereill y Deheubarth. Llewyrch mawr a boddlonrwydd amlwg ein brenin a gawsom ar ein cymmanfäoedd, a gynnaliwyd i egwyddori y plant. Cynnaliwyd y flwyddyn ddiweddaf wyth o honynt. Tair yn swydd Pembro, tair yn swydd Ceredigion, a dwy yn swydd Gaerfyrddin; a miloedd o bobl yng nghyd yn mhob un o honynt; eu hanes neillduol fyddai yn rhy faith ... Ein dull yn dwyn y gwaith yn mlaen yn y cyfarfodydd hyn, sydd fel y canlyn; maent yn chwiliaw y Bibl gyda manyldra, diwydrwydd, a llafur mawr, am holl bynciau athrawiaethol, perthynol i dduwioldeb. Cyn dechreu gwrandaw y pynciau, mae yr ysgoleigion yn adrodd y bennod mwyaf perthynol i'r pynciau, er syndod i bawb a'u clywo; cant, neu ychwaneg o blant a adroddant bennod yn un llais, gan ystyried yn fanwl yr attaliadau; a chyda cymmaint o bwyll ac arafwch nes byddo yr holl leisiau fel un, a chyda y fath berffeithrwydd o ran iaith, y geiriau Cymraeg mor rammadegol, a phe baent oll yn rammadegwyr; ac o ran cofio mor berffaith, llawer gwaith heb golli un sill . . .

T.R."

Y Drysorfa, 1813

DATBLYGIADAU ADDYSGOL ERAILL

(DOGFENNAU 49–54)

Yr oedd dysgu nifer fawr o bobl i ddarllen yn rhad yn un agwedd ar fudiad addysgol y ganrif. Yr oedd hefyd unigolion a sefydliadau â diddordeb mewn darparu cwrs addysg mwy uchelgeisiol, naill ai fel hyfforddiant ar gyfer galwedigaeth arbennig, neu fel modd i ddod ymlaen yn y byd.

Addysgid llawer o blant y mân foneddigion a'r ffermwyr mwyaf cefnog a phlant crefftwyr a gwŷr proffesiynol y trefi yn yr Ysgolion Gramadeg. Yr oedd tua deg ar hugain o'r rhain yng Nghymru, rhai wedi eu sefydlu yn y ddeunawfed ganrif, a rhai yn hŷn na hynny. Bwriad y rhain oedd cyflwyno addysg glasurol gyda phwyslais ar ramadeg, rhethreg, rhesymeg, Lladin ac ychydig o Roeg. Credir fod yr ysgolion yng Nghymru yn llusgo'u traed lle yr oedd ehangu cwrs addysg a mentro ar ddulliau dysgu newydd yn y cwestiwn yn ystod y ganrif hon, a'u bod yn cynnal yr hen ffyrdd traddodiadol o feddwl. Ar y cyfan, nid oedd ganddynt fawr o gysylltiad â'r diwylliant brodorol. Er gwaethaf hyn, bu rhai o'u cyn-ddisgyblion yn amlwg ym mudiadau ymarferol y ddeunawfed ganrif, er enghraifft bu Griffith Jones yn ddisgybl yn Ysgol Ramadeg Caerfyrddin fel y bu Edward Richard, sefydlydd Ystradmeurig. Yr oedd Goronwy Owen, un o wŷr blaenllaw yr adfywiad clasurol, yn gyn-ddisgybl o Ysgol Friars, Bangor. Yn ystod y cyfnod yr ymdrinir ag ef yn y llyfr hwn, ychwanegwyd at waddoliadau nifer o sefydliadau a gychwynnwyd yng nghyfnod y Tuduriaid e.e. ysgol Rhuthun (49). Sefydlodd Edmund Meyricke Ysgol Ramadeg newydd yn y Bala, er bod geiriad y gymunrodd braidd yn amwys (50). Yr oedd anhawster cael addysg uwch yn ei boeni hefyd, a rhaid ei fod yn ymwybodol o brinder gwŷr a gafodd addysg Prifysgol yn yr Eglwys yng Nghymru. Ychydig o flynyddoedd mewn ysgol ramadeg yn unig a gawsai nifer o'r offeiriaid. Yr unig ffordd y gallod Moses Williams gael astudio yn Rhydychen oedd drwy weithredu fel "servitour" i fyfyrwyr cyfoethog. Ef a baratôdd argraffiadau 1717 a 1727 o'r Beibl Cymraeg. (Gweler hefyd dudalennau 24 a 74 ynglŷn ag Edmund Meyricke.)

Cychwynnodd Edward Richard Ysgol Ramadeg wahanol ei natur yn 1746. Rhan o weithredoedd terfynol yr ysgol yn Ystradmeurig yn Sir Aberteifi yw dogfen 51. Deilliai naws arbennig yr ysgol hon yn ei blynyddoedd cynnar o'r ffaith fod Edward Richard yn fardd ac ysgolhaig Cymraeg yn ogystal â'i fod yn ymddiddori yn y clasuron. Daw hyn i'r amlwg yn llythyrau Ieuan Brydydd Hir a'r Morysiaid ac yn llythyrau mab Lewis Morris a fu'n ddisgybl yno (52).

Yn un o ysgolion neu academïau'r Ymneilltuwyr y byddai gŵr debycaf o gael addysg ryddfrydol a'i hysgogai i feddwl drosto'i hun. Cyfeiria'r dyfyniadau o ddyddiaduron Thomas Morgan (53) at gyfnodau arbennig yn ei addysg wrth iddo baratoi ar gyfer bod yn weinidog gyda'r Anghydffurfwyr. Ar ôl dilyn cwrs addysg mewn dwy ysgol a gynhelid gan weinidogion Ymneilltuol, aeth yn fyfyriwr i'r academi yng Nghaerfyrddin. Rhydd y cynllun gwaith ryw awgrym o nod y sefydliadau hyn. Eu bwriad oedd cyfrannu addysg fodern oleuedig i blant Ymneilltuwyr. Ystyrid pynciau fel mathemateg, gwyddoniaeth a'r gyfraith mor bwysig â'r clasuron. Yr oedd rhif yr Eglwyswyr a fynychai'r ysgolion a'r academïau hyn yn arwydd o'u henw da. Nid myfyrwyr yn paratoi ar gyfer y weinidogaeth oedd y disgyblion a'r myfyrwyr o angenrhaid, er mai dyna oedd amcan mwy a mwy ohonynt yn y bedwaredd ganrif ar bymtheg.

Aeth Thomas Morgan i academi symudol. Hannai o'r academi a sefydlodd Samuel Jones yn ffermdy Brynllywarch yn ystod teyrnasiad Siarl II. Bu'n ficer Llangynwyd yn Sir Forgannwg nes iddo gael ei droi allan o'i fywoliaeth. Cynalasid yr ysgol mewn gwahanol fannau, lle bynnag y trigai'r athro. Am gyfnod, bu yn Llwyn-llwyd yn Sir Frycheiniog. Nid dyma'r unig academi yng Nghymru yn 1743, ond sefydliadau preifat oedd y lleill. Yr oedd hon yn derbyn cymorth ariannol gan Fwrdd Cronfa'r Presbyteriaid a Bwrdd Cronfa'r Annibynwyr (54). Yn 1755, am resymau athrawiaethol, gwrthododd Bwrdd Cronfa'r Annibynwyr gymorth pellach ac agorodd academi arall yn y Fenni. Bu hon mewn amryw o leoedd cyn ymsefydlu'n derfynol yn Aberhonddu.

Prif gyfraniad yr ysgolion a'r academïau Anghydffurfiol i hanes Cymru yn y cyfnod yma oedd eu syniadau rhyddfrydol am grefydd a gwleidyddiaeth, yn arbennig yr academi yng Nghaerfyrddin.

(Dogfen 49)

CYMUNRODD I YSGOL RAMADEG, RHUTHUN

"Lloyd's Bequest.—Edward Lloyd, of the parish of Ripple, in the county of Kent, clerk, by Will, dated 14th February 1740, gave (after several specific devises) all the rest and residue of his money in South Sea Annuities, or elsewhere, upon bond or note, or otherwise due to him (after his debts, legacies, probate of his Will, funeral charges, and incident charges of what kind soever, should be paid and discharged), in the manner following:—four-fifths, part thereof, unto George Shackerley, Robert Price, Edward Thelwall, of the county of Denbigh, esqrs., William Lloyd of Llanhychan, John Williams, of Clocaenog, Hugh Lloyd, of Llangynhafal, William Green, of Llanbedr, clerks, or any four of them, on special trust in them reposed, that they should apply and dispose thereof for the benefit of Ruthin school, in the county of Denbigh, as they should judge in their discretion most fitting and convenient, restraining, nevertheless, that no part of this residuary legacy should be given or granted to any person, before the proof of that his Will, then already admitted in either of the universities, or entered into either trade or profession: and he willed that, if 100*l.* bequeathed to his brother, Ambrose Lloyd, should be a lapsed legacy, and his said brother be dead, or should not appear to be living after his, testator's, decease, that the said 100*l*, should become part of the residue, and, with the other lapsed legacies, if any, be applied to the benefit of Ruthin school."

Report concerning Charities

(Dogfen 50)

CYMUNRODDION EDMUND MEYRICKE

"As for my worldly estate which God Almighty hath blessed me with above my merits or expectation I dispose thereof in the following manner: Imprimis, whereas I always intended to bestow a good part of what God should please to bless me withall for the encouragement of learning in Jesus College in Oxford and for the better maintenance of six junior Scholars who are or shall be scholars of ths said foundation of the said College, out of the six counties of North Wales: I doe give, devise and bequeath all my real and personal estate other than any besides what thereof is for shall be by this my Will, or shall be by any Codicil . . . given devised and bequeathed . . . that is to say unto every one of the said six Scholars, particularly and severally, the annuall sum of £10 of lawful money of Great Britain during his residence in the said College. And for the maintenance and settlement of six Exhibitioners in the said College, natives of the said six Counties of North Wales, and of any or either of them, or of my kindred, if such of that number of Exhibitioners may be found . . . I doe give to each and every of the said six Exhibitioners the annual summe of eight pounds lawfull money of Great Britain during his residence in the said College".

ibid

He devised his "messuage and tenement, with the appurtenances, called Ty-Tan-y-Domen, situate in the Town of Bala, in the county of Merioneth, together with one acre of land in the Park, and Cae'r Llechwedd, then or late in the possession of Philip Morgan, at the yearly rent of 3l. 12s., to and for the use of benefit of a School and Schoolmaster, in which School there should be thirty poor boys of North Wales settled and taught grammar learning, until they should be thought fit to be removed to other Schools or employments, or to be put apprentices."

ibid

(Dogfen 51)

GWADDOLIAD YSGOL YSTRADMEURIG

". . . the schoolmaster to be from time to time appointed, should be a person professing the religion of the Church of England, of a good moral character, and well qualified to teach the Greek and Latin Classics, as taught in the principal grammar schools in England, so that boys therein instructed might be qualified for either of the Universities of Oxford and Cambridge; and that when at any time the said parish of Spytty Ystradmeiric should not furnish the number of 32 boys to be taught by the said schoolmaster, the deficient number should be supplied from the adjacent parishes or any other parish in the said county of Cardigan, until the full number of 32 should be complete."

ibid

(Dogfen 52)

LYTHYR ODDIWRTH PRYSE MORRIS, YN
CALCUTTA, AT HEN GYFAILL YSGOL, 1786

"(Ystrad Meurig) was always blessed with Peace, Concord, zeal & sincerity, which never shall escape my memory; I hope that my friend will increase my felicity by a Durable Correspondence by Paper as our Distance asunder prevents me the happiness & Inexpressible Pleasure of your very agreeable and much esteemed Company. India is now at its lowest Ebb, very little Trade and less money. I remember when we were at Ystrad

Meirig how happy we enjoyed our then harmless Pleasures, when we killed a *Ceiliog* belonging to old *Modryb Nance o'r Dre Issa* and obliged to pay six Pence for it. Do you recollect that? you Certainly Cannot forget what a Passion the old woman was in untill she saw the *tester*, well, well, God be with her Dead or alive. When you go to *Ystrâd Meirig* or *ffair Rhôs* be so good to inform all my old acquaintance that I am well and Desired my kind Compliments to them all. My sincere zeal to all relations & Best respects to every body that asks after *Prŷs mâb llewelin ddu o fôn*."

(Dogfen 53)

CWRS ASTUDIAETH MEWN YSGOL AC ACADEMI YMNEILLTUOL

"*September 2nd* 1741. Came to Pentwyn and enter'd myself upon Grammar learning under the tuition of the Rev. Mr. Saml Jones and continued there about 16 month. There I began ye Classicks, and in order read some in the Latin Grammar . . . and proceeded to Eutropius and Fedrus' Fables, and from Hermes made some extempore exercise. Afterwards Ovid's Meta and Lucius Flores, the Greek Tes. and Minores Poeta, and last of all some part of Virgil's . . ."

"*January 21st* 1742 (1743, N.S.) Came to Carmarthen and enter'd myself under the Tuition of the Rev^d. Mr. Saml Thomas, And there I read some in Virgil's, Horace's, Homer's and the Greek Tes. Afterwards read Watts's Logick, Ward's Algebra, Geometry and Conick Sec., Watt's Astronomy and Geography, Keill's Natural Philosophy etc."

"*October 19th* 1743. Entered myself under the Tuition of the Rev. Mr. Evan Davies who joyn'd with Mr. Saml Thomas to put up the Academy in Carmarthen."

Thomas Morgan

(Dogfen 54)

RHAI O'R RHEOLAU A WNAETH BWRDD CRONFA'R PRESBYTERÏAID, 1725

"That all the students who for the future shall be encouraged by this fund shall be placed only at two Academies in England and one in Wales: viz., Taunton and Findern and Carmarthen".

"That they continue three years at least in going through the accustomed studies under a tutor."

"That none of the managers of this fund will encourage their being employed anywhere as ministers . . . unless it appears upon examination that they can render into English any paragraph of Tully's offices . . . that they read a Psalm in Hebrew, translate into Latin any part of the Greek Testament to which they shall be directed, give a satisfactory account of their knowledge in the several sciences they studied at the Academy, and draw up a thesis upon any question that shall be proposed to them in Latin, and compose a sermon on a practical subject calculated for the improvement of a serious and well-disposed congregation".

CYFLWR EGLWYS LOEGR

(DOGFENNAU 55–70)

Amcangyfrifir fod naw deg y cant o boblogaeth Cymru yn aelodau o Eglwys Loegr ym mlynyddoedd cynnar y ddeunawfed ganrif a bod mwyafrif y lleill yn Ymneilltuwyr Protestanaidd. Ar ôl cyfnod o erlid (gweler tud. 15), cafodd yr Ymneilltuwyr hyn ryddid i addoli yn 1689, ar yr amod fod eu tai cwrdd a'u gweinidogion wedi cael trwyddedau gan Lys Chwarter (76). Er hynny, nid oedd rhyddid iddynt ymgymryd â swyddi cyhoeddus, ac nid oedd pob galwedigaeth yn agored iddynt chwaith. Yr oedd yr anawsterau yma, ynghyd â'r ffordd braidd yn ffurfiol ac academig a oedd gan yr Ymneilltuwyr, yn rhwystr i'r mwyafrif mawr o bobl ymuno â hwy. Galwodd William Williams Pantycelyn eu dadl athrawiaethol i gof yn feirniadol, er bod ei rieni yn aelodau yng Nghefnarthen. Fodd bynnag, yr oedd llawer o'r gweinidogion a hyfforddwyd yn yr academïau yn alluog ac ymroddgar ac nid oes achos i gredu fod y rhai a drôdd at grefydd anghydffurfiol yn dioddef. Yn ystod y ganrif, tueddai'r eglwysi anghydffurfiol i ehangu eu gorwelion a chynyddodd nerth Anghydffurfiaeth fel canlyniad i efengylu gweinidogion fel Lewis Rees, Llanbryn-mair, Edmund Jones, Pont-y-pŵl a Philip Pugh yng Ngheredigion.

Ar ddechrau'r ganrif, Eglwys Loegr a ddaliai ben trymaf y baich o ddysgu egwyddorion crefydd – gwaith yr Eglwys a sefydlasid gan ddeddf gwlad oedd hynny. O'r ail ganrif ar bymtheg ymlaen, roedd elfen biwritanaidd wedi codi a welai lawer o frychau yn yr Eglwys hon, er enghraifft, dirywiad rhai agweddau ar ofal plwyfol a pharhad arferion fel cynnal chwaraeon ym mynwent eglwys a'u cynnal ar y Sul. Bu Piwritaniaeth yn arafach yn lledu yng Nghymru nag yn Lloegr, ac felly yr oedd llawer o arferion a ddeuai dan fflangell y Piwritaniaid yn dal yng Nghymru heb i bobl ystyried fod dim o'i le arnynt. Lle'r oedd gwir fethiant yn y gwaith o ofalu am eneidiau, mae'n ymddangos mai esgeulustod awdurdodau'r eglwys a thlodi mwyafrif y bywiolaethau a oedd yn gyfrifol am hynny.

Yn nogfennau 55 a 56 ceir argraff o bobl a deimlai ei bod yn bwysig cadw rhai defodau crefyddol arbennig. Yr oedd y rhain yn rhan o'u ffordd draddodiadol o fyw. Ond nid oedd cadw defodau ynddynt eu hunain yn golygu, o angenrhaid, fod y bobl yn deall eu harwyddocâd. Cynhelid gwasanaethau'n gymharol gyson yn y rhan fwyaf o blwyfi, ond pryderai diwygwyr yn Lloegr ac yng Nghymru fod cateceisio gan offeiriad y plwyf wedi dod i ben bron yn gyfangwbl, ac mai ychydig ohonynt a ddefnyddiai eu hawl i fod yn ysgolfeistri (63 a 64). Buasai Dr. Tillotson, Archesgob Caer-gaint 1691–4, yn un o gefnogwyr yr Ymddiriedaeth Gymreig. Yn ogystal â diffyg hyfforddi crefyddol teimlai Cristnogion ymroddedig i'r byw wrth weld adeiladau eglwysig a'r tir o'u cwmpas yn cael eu hesgeuluso (59 a 60) ac yn cael eu defnyddio i bwrpas anweddus (57, 58 a 61). Yr oedd camddefnyddio mynwentydd i raddau i'w gysylltu â'r gwyliau mabsant a ddaethai erbyn hyn yn wyliau lleyg hollol. Hawdd deall gwrthwynebiad Eglwyswyr piwritanaidd i'r gwyliau mabsant fel yr oeddent gael eu cysylltu â'r Eglwys. Ond er bod arferion fel chwaraeon, anterliwtiau, dawnsio i'r delyn ac i'r ffidil a chanu baledi yn digwydd yn ystod y gwyliau yma, nid oedd hynny'n profi fod y bobl yn ddigrefydd fel y myn rhai awdurdodau diweddarach. Ond awgryma'r ffaith fod adeiladau eglwysig yn cael eu hesgeuluso, ynghyd â sylw Griffith Jones (64), nad oedd cyflwr Eglwys Loegr yn foddhaol yng Nghymru. Awgrymir fod elfen amrwd yn y gymdeithas hefyd, gan fod angen Cymdeithasau er Gwella Moesau, Cymdeithasau a geisiai ddileu cabledd, meddw-dod, anfoesoldeb a phrynu a gwerthu ar y Sul.

Cychwynnwyd ymchwiliad Erasmus Saunders i gyflwr crefydd yn esgobaeth Tyddewi ar gais yr Esgob Bull (1705–10). Ond buasai Esgob Bull farw ddeng mlynedd cyn i'r llyfr ymddangos yn 1721. Yr oedd anffawd fel hyn yn nodweddiadol o hanes trist yr esgobaethau Cymreig yn y ddeunawfed ganrif. Yr oeddynt yn dlawd ac yn anghysbell a'u hunig werth i esgobion oedd bod yn fan cychwyn i feysydd brasach yn y man. Cefnogodd dau o esgobion Bangor waith yr S.P.C.K. yng Nghymru ond yr oedd mwyafrif yr esgobion yn ddi-Gymraeg, heb fawr o wybodaeth am Gymru, yn byw y tu allan i'r wlad ac yn dal eu swyddi am amser byr yn unig. Roedd Esgob Bull yn ŵr cydwybodol ac enwog ond rhwystrodd henaint a marwolaeth ei gynlluniau i ddiwygio'i esgobaeth. Lledodd y gwendidau ymhlith arweinwyr yr eglwys drwy'r offeiriadaeth i gyd. Un o anghysonderau rhyfedd y diwygiad oedd fod y Deon John Jones ac Edmund Meyricke, a fu'n gymwynaswyr pwysig ym myd addysg, yn euog o ddal nifer fawr o fywiolaethau. Petai esgob ac ynddo awydd gwella'r sefyllfa wedi ei benodi i Dyddewi, mae'n eglur y buasai ganddo dasg anodd gan fod yr esgobaeth mor helaeth a theithio mor anodd. Rhydd y disgrifiadau a geir yn *Visitations* Tenison, a llyfr Erasmus Saunders olwg ddigalon iawn ar y problemau a wynebai ddiwygwyr. Priodola Saunders wendidau'r offeiriaid a'r diflastod cyffredinol i dlodi yn bennaf, tlodi a gododd am i ddegymau a thir eglwysig fynd i ddwylo eraill. Yr oedd y degymau mewn mwy na thri chwarter y bywiolaethau yn esgobaeth Tyddewi yn eiddo bellach i "such persons as generally seem to think themselves neither by law nor Conscience bound to maintain the worship of God in" yr eglwysi (65). Ceir tystiolaeth mai tebyg oedd y sefyllfa yn esgobaethau Bangor, Llanelwy a Llandaf. (Gweler 57, 60, 61.)

Dylid sylwi ar baragraff olaf Erasmus Saunders. Pa wendidau bynnag oedd yn yr eglwys mae'n wir hefyd mai offeiriaid oedd gohebwyr yr S.P.C.K. yng Nghymru bron i gyd. Hwy a gasglai'r tanysgrifiadau, hwy a arolygai'r ysgolion ac yn aml hwy oedd yr athrawon hefyd. Awdur un o'r clasuron Cymraeg, *Gweledigaethau y Bardd Cwsg*, oedd Ellis Wynne, Ficer Llandanwg 1705–11 a Llanfair 1711–34. Ei neges i'w gyd-wladwyr oedd iddynt beidio ag esgeuluso'u heglwys. Cyfrannodd offeiriaid eraill at gorff cymharol fawr o lenyddiaeth athrawiaethol a defosiynol er bod arwyddion bod y diddordeb deallus yn treio wrth i'r ganrif ddirwyn i ben. Collodd Ieuan Brydydd Hir (Gweler 66) bob parch at ei eglwys, ac ni welodd yr awdurdodau werth ei waith yntau. Ond dengys *Welch Piety* nifer drawiadol o offeiriaid a chanddynt "the interest of religion at heart". Yr oedd llawer ohonynt yn biwritaniaid brwdfrydig, yn ogystal â'u bod yn cyd-weithio'n gydwybodol gydag athrawon teithiol. Dyma'r eglwys a gafodd deyrngarwch diwyro Griffith Jones, er nad oedd ei harweinwyr yn dangos fawr o ddiddordeb yn ei waith addysgol, na chydymdeimlad ag ef yn ei ymdrech.

Dyma'r eglwys hefyd y ceisiodd Howell Harris a'r Methodistiaid eraill ei gwasanaethu er eu bod mor atgas i rai offeiriaid. Yn 1747 ysgrifennodd: " . . . Will you be angry because we stay to pump out the water, are determined to stay with our aged Mother while she has breath, she is blind, deaf, lame and almost dead. But shall we give her up?"

Cyfrannodd nifer o offeiriaid i'r diwygiad yn eu ffordd eu hunain, ond ni dderbyniodd yr eglwys fel sefydliad ddim o'r syniadau i wella'r sefyllfa, ac yr oedd iddi broblemau dirif na wynebwyd mohonynt ar hyd y ganrif (67, 68 a 69).

(Dogfen 55)

AGWEDD Y WERIN I ARFERION CREFYDDOL

"There is, I believe, no part of the Nation more inclin'd to be Religious, and to be delighted with it than the poor Inhabitants of these Mountains. They don't think it too much when neither ways, not Weather are inviting, over cold and bleak Hills to travel three or four Miles, or more, on foot to attend the Publick Prayers, and sometimes as many more to hear a Sermon, and they seldom grudge many times for several Hours together in their damp and cold Churches, to wait the coming of their Minister, who by Occasional Duties in his other Curacy's, or by other Accidents may be oblig'd to disappoint them, and to be often variable in his Hours of Prayer. And,

Then also to supply in some measure the want of a more regular Publick Service, there are many, even of the common People, who gladly make the best use of what little Knowledge they have gain'd, and take the Pains privately, by Reading or Discoursing to instruct one another in their Houses. . . .

But to proceed, to make their private Instructions more agreeable and effectual, as they are naturally addicted to Poetry, so some of the more Skilful and knowing among them frequently compose a kind of Divine Hymns, or Songs, which they call *Halsingod*, or *Carolion*, . . .

It is not to be express'd, what a particular Delight and Pleasure the young People take to get these Hymns by heart, and to sing them with a great deal of Emulation of excelling each other. And this is a Religious Exercise they are us'd to, as well at home in their own Houses, as upon some Publick Occasions; such as at their Wakes and solemn Festivals, and Funerals, and very frequently in their Churches in the Winter Season, between *All Saints* and *Candlemass*; at which Times, before and after Divine Service, upon *Sundays*, or Holy-days, Eight or Ten will commonly divide themselves to Four or Five of a side, and so forming themselves, as it were into an Imitation of our Cathedral, or Collegiate Choirs, one Party first begins, and then by way of Alternate Responses, the other repeats the same *Stanza*, and so proceed till they have finished their *Halsing*, and then conclude with a *Chorus*."

Erasmus Saunders

(Dogfen 56)
DAU BLWYF YN SIR GAERFYRDDIN, 1719

a. *Merthyr*

"The Chancel windows want mending. The floor there and in the Church is uneven. No Homilies, Canons, or Table of Degrees. A new house just built by the present Incumbent. A new stable and a cow-house are now a-building. The minister does not reside. He lives in Carmarthen. He has also Llan Deilo aber Cowyn a church three miles distant, worth about £20 a year.

Qu. How often the minister preaches. There is a meeting-house for Presbyterians set up in a part of the parish remote from the church, but Mr. Vaughan of Derllysg in this parish assures me that not one of the parishioners goes to the meeting.

About 60 communicants at Easter. XXX poor people can read Welsh.

About 30 families, cottagers included.

The out-house next the stable wants thatching, and so does the barn.

For a year after the funeral of persons of better fashion, every Saturday night the graves are straw'd with herbs, and a bier that is arch'd is set over the grave every Sunday morning, and cover'd with black, unless it be a maiden's grave, and then 'tis cover'd with white. This custom is also in practice at Carmarthen."

b. *Llanpumpsaint*

"The windows want glazing. The walls of the church want rendring. The chancel floor is of earth only, and very uneven. There was a Book of Homilies, which the clark says Mr. George Lewis had and never restor'd. Prayers once a Sunday. The minister preaches every other Sunday. 'Tis a Welsh cure. No house. No minister resident. Salary for serving the cure, £5 a year, from the Impropriators, the Church of Windsor. Thomas Lloyd, of Bryn y cenau, gave 40s. to be divided amongst the poor, on November 2nd, yearly. The Sacrament is administered four times a year. The clark, at Easter, finds bread and wine. There are at Easter about 40 communicants. Twelve poor people can read Welsh. Twenty-nine families. Just by the church, on the north side, are the ruins of a little chapell, which in the memory of the clark, had a roof upon it; he never did know any use made of it, except that on Sundays in wet weather the country people resorted thither to dance.

There are five wells or pools in the river, which, tradition says, were made use of by the five saints, and that each particular Saint had his particular well. On St. Peter's Day yearly between two hundred and three hundred people get together, some to Wash in and some to see these Wells. In the summer time the people in the neighbourhood bath themselves in the wells to cure aches."

Cofnodion eglwysig

(Dogfen 57)

MYNWENT BETWS GWERFUL GOCH
YN SIR FEIRIONNYDD, 1730

"The ch. yard is small and if they continue to build up tombs for their dead in the way they do, the minister and parishioners will soon find their passage to the church difficult. The fences are exceeding low and in pitiful condition. All our ch. yards in Wales are much damag'd by the markets and fairs, for they buy and sell in the very porches. I am likewise to complain of the communications wch. houses and some ale houses have with the ch. yard. Here, at Bettws, is a house, wch. I firmly believe, by means of the commn. it has, uses the ch. yard as a common yard. They throw out their washings and all their filth into the midst of it."

Adroddiad eglwysig

(Dogfen 58)

MYNWENT ABEREDW, YN YMYL
LLANFAIR-YM-MUALLT, 1740

... "5 Went with friends to Aberedw feast, there discoursed to 7 to some hundreds. Having done in the House I went to the churchyard where there was a little dance and many Rabble. I spake and they were dispersed, but would fain beat me, . . .".

Howell Harris

(Dogfen 59)

CYFLWR ADEILADAU EGLWYSIG
YN ESGOBAETH TYDDEWI

"But first, of the Condition that our Churches, Chapels, and Habitations of the Clergy are in. Such is the melancholy and ruinous View that presents inself upon this Head, that I know not well where to begin, ... the pitiful Condition of our ouce so celebrated and noble Cathedral ... And also the desolate Remains of the old Collegiate Church of *Llandhewyfrefi* in *Cardigan-shire;* a Church once endow'd with a handsome Provision for a Dean and twelve Prebendaries; but the Endowment is now alienated to that Degree that the poor Incumbent there, tho' the Tythes of his Parish are said to be worth Four hundred Pounds *per Ann.* is oblig'd to content himself with about Eight Pounds Salary. . . .

... in some Places we have Churches without Chancels; in other we have but some piece of a Church, that is, one End, or a Side Isle, that is remaining; and in some other Parishes, even none at all: Nay, and the desolate Appearance of most of those that are yet standing, speak how difficultly they subsist, and how miserably they are neglected. In some, not only the Bells are taken away, but the Towers are demolished, and in many others there are scarce any Seats, excepting here and there a few ill contriv'd and broken Stools and Benches; their little Windows are without Glass, and darken'd with Boards, Matts, or Lettices; their Roofs decaying, tottering, and leaky; their Walls green, mouldy, and nauseous, and very often without Wash or Plaister, and their Floors ridg'd up with noisome Graves without any Pavement, and only cover'd with a few Rushes. Did you, I say, see these general Desolations of our noble Cathedral, and Collegiate Churches, and of so many Parochial Churches and Chappels, of the Bishop's Palaces, and of almost of all the Parsonage Houses in the Diocese, it might well tempt you to think we had lain in the Road of the *Turks* and *Saracens*, in some of their wild Excursions."

Erasmus Saunders

(Dogfen 60)
CYFLWR EGLWYS GADEIRIOL LLANDAF, 1721

"July ye 4th

"The sd ArchDeacon & Chapter takeing into Consideration the great Decays of this Cathedral Church & finding themselves utterly incapable, out of their small Revenues, to Support the growing Charge of Repairs occasioned by Sevrall Storms and Tempests and prticularly the Extraordinary one of November ye 20th last past as well by ye general Decay of ye Timber in ye Rooffe & other Materials of the Church by length of time Have Resolved & doe Order an Address or Petition to be drawn up and prsented To the King's most Excellent Majesty, To his Royal Highness the Prince of Wales & To the Nobility, Gentry & Clergy of this Diocess & To the assistance and Contributions for and towards ye repaireing of this Church And accordingly ye sd Petitions were drawn up and signed by ye Sevrall Members of this Chapter.

"The same day The sd Archdeacon & Chapter continued ye Revrend Mr. Morgan Evans Chancellour of this Church to be their Proctor Genral for ye Ensueing Year.

"Deinde Concluserunt hu'mo'j Cap'lum.
Ita Testor.
Tho: Davies, N.P.,
Regrius Cap'li prd'."

The Llandaff Act Books, 1721

(Dogfen 61)

DEFNYDDIO'R FYNWENT YN LLANGERNYW, 1749

"Here is one custom which I think very odd and unbecoming, and which ought to be altered. There are five fairs yearly kept at this village, and at every one of them the churchyard-porch (*i.e.*, the lych-gate) is made use of by butchers to hang and sell their meat in. Earthen and wooden ware, wool, and several other things, are exposed for sale in the churchyard, and I saw some pedlars have their stalls there. In the church-porch are kept, by the clerk, collars, bridles, pack-saddles, ropes, and other gears. These, indeed, were formerly kept, as I am told, in the church; and they may, perhaps, be so again, unless they are in time ordered further from it."

Adroddiad eglwysig

(Dogfen 62)

GWASANAETHAU EGLWYSIG YN ESGOBAETH TYDDEWI

"Of the manner how our Churches are supply'd and serv'd: And upon this Head it is to be observ'd, that there are some Churches that are totally neglected, and that very rarely, if at all, have any Service perform'd in them, and which, if they are not converted to Barns or Stables, which is the Case of many Churches in *England*, as well as *Wales*, do only serve for the solitary Habitations of Owles and Jackdaws; such are St. *Daniel's*, *Castelhan*, *Kylvawyr*, *Mounton Capel Cohnan*, and others in *Pembrookshire*. *Mount Llechry'd* in *Cardiganshire*, *Aber Llynvy* in *Breconshire*, *Nelson* in *Gowerland* in *Glamorganshire*, *Llanybree*, and others in *Caermarthenshire*. .

As the Christian Service is thus totally disus'd in some Places, there are other some that may be said to be but half serv'd; there being several Churches, where we are but rarely, if at all to meet with Preaching, Catechising, or Administring of the Holy Communion: In others the Service of the Prayers is but partly Read, and that perhaps but once a Month, or once in a quarter of a Year; nor is it indeed reasonable to expect that they should be better serv'd, while the Stipends allow'd for the Service of them are so small that a poor Curate must sometimes submit to serve three or four Churches for Ten or Twelve Pounds a Year, and that perhaps when they are almost as many Miles distant from each other. . . .

There is no Time fix'd for going to Church, so it be on *Sunday*, so that the poor Man must begin at any time with as many as are at hand, sooner or later, as he can perform his Round. He then abruptly huddles over as many Prayers as may be in half an Hours time, and then returns again to his Road fasting . . . till he has dispatch'd his Circuit, and that Weariness or Darkness obliges him to Rest, or perhaps for want of a little necessary Refreshment at home, to go where he ought not, where it's odds but he will again meet with many of his Congregation, . ."

Erasmus Saunders

(Dogfen 63)
DR. TILLOTSON, AM DDYMUNOLDEB ADDYSG GREFYDDOL

"It very seldom happens, that Children, which have not been Catechised, have any clear and competent Knowledge of the Principles of Religion; and for want of this, they are incapable to receive any great Benefit by *Sermons*, which suppose Persons to be in some measure instructed beforehand in the main Principles of Religion.—And we should take Care that those under our Charge, our *Children* and *Servants*, be taught to read; that after having been taught *the first Principles* of Religion, they may by reading the *Holy Scriptures*, and other good *Books*, greatly improve themselves, so as to be prepared to receive much greater Benefit and Advantage by the publick Teaching of their Ministers."

Welch Piety.

(Dogfen 64)
RHAI O WENDIDAU'R EGLWYS, YN ÔL GRIFFITH JONES

"General discourses from the pulpit, execution of penal laws, and the like methods, will signify little as long as the minds of men are not prepared, by proper instruction, to receive just ideas of the truth and principles of our holy religion . . . Serious men in the ministry have experienced, and complained much of it, that without catechising (which is not very practicable, while the people cannot read) preaching is in a manner lost and thrown away upon them; . . . This is very sad, yet too certainly true, especially in this country, where non-residences, plurality of curacies, English preaching to Welsh congregations, abound so much; and, alas! the want of proper dispositions to wish for success, and some places left almost without any preaching at all."

Welch Piety.

(Dogfen 65)

AMGYLCHIADAU ARIANNOL YR OFFEIRIAID

"And this is what comes next to be consider'd; namely, the mean and hard Circumstances of the Clergy ... Sure I am, you wou'd be very sensibly concern'd and griev'd, were you to behold the Abject Figure, and despicable Appearance of many of them, and what so naturally ensues, the equal Treatment they meet with . . . .

What Hospitality to Neighbours, or to Strangers, or Charity to the Poor can they afford to give, who are themselves (poor Men!) so very indigent as to be most in need of Charity. How comformable to the Canons in their Dress and Habits, such as are requir'd and becoming of their Orders, *viz.* in their Gowns and Cassocks are they capable of appearing, when (God help them) their mean Sallaries will scarce afford them Shoes and Stockings? ... Or what Knowledge to Catechise, Instruct, and Teach, may we reasonably expect to find in such who are deny'd the necessary Advantages of Education and Books, to be thereby Improv'd and Qualify'd for their Office? And who are deny'd for their Service and Labour, such reasonable Encouragements as are necessary for Subsistence, and mocked with Salaries so very scanty; as a Plowman, or an Hostler, or one of their generous Patron's Footmen wou'd probably disdain to accept of?

And yet notwithstanding these Discouragements, there are, God be thanked, several Clergymen among us, that by their Vertue and steady Application, surmount the Difficulties they meet with, find Means to be well accomplish'd, and to adorn their Station for the sake of Well-doing, and to be no less Eminent for their Pastoral Care and Diligence, than others are for their Neglect and Scandal. But alas, the Number of them is too unequal for so great a Harvest as they have before them;"

Erasmus Saunders

(Dogfen 66)

SYNIAD IEUAN BRYDYDD HIR AM
EI EGLWYS, 1766

"Y mae yn myned yng ngylch printio'r Bibl Cyssegrlan â Nodau arno, yr hwn sydd i ddyfod allan bob wythnos, yr un wedd â chyda chwi yn Llundain. Myfi a welais y *proposals.* Un o'r Methodyddion yw'r gwr sydd wedi cymmeryd y gorchwyl gorchestol hwn yn llaw, ei enw, Peter Williams. Ond yw hwn yn gywilydd wyneb i'n gwŷr llên ni o Eglwys Loegr! Y mae Rhagluniaeth Duw ym mhob oes yn cyfodi rhai dynion da. Ni waeth pa enw yn y byd a fo arnynt. Oddi wrth ei ffrwyth yr adnabyddir y pren. Y mae yn dra hynod fod yr ychydig lyfrau Cymreig ag sydd argraffedig, wedi cael eu trefnu a'u lluniaethu, gan mwyaf, gan Ymwahanyddion, ac nad oes ond ychydig nifer wedi eu cyfansoddi gan ein hyffeiriaid ni es mwy na chan mlynedd; a'r rhei'ny, ysywaeth, yn waethaf o'r cwbl o ran iaith a defnydd. Y mae St. Paul yn dywedyd mai 'yr hyn a hauo dyn, hyny hefyd a fed efe'. Ni ddichon fod ond cnwd sal oddi wrth y cynauaf ysprydol pan fo'r gweithwyr mor segur ac ysmala, heb ddwyn dim o bwys y dydd a'r gwres, a'r Esgyb Eingl wedi myned yn fleiddiau rheibus."

Rhan o lythyr at Richard Morris

(Dogfen 67)
CYFLOG CURAD 1754

Abernant

John Pritchard, clk., granted a licence, 12 Sept., 1754, to perform the office of curate in the parish Churches of Abernant and "Cunwil", there being assigned to him "the small Tythes of the said parishes, which belong to the vicar there, together with all Surplus Fees, Easter Offerings. Peter Pence, and 40s. for preaching monthly sermons and also the yearly sum of five pounds to be paid by quarterly payments for serving the said cure."

Taliaris

Francis Beale, clk., granted a licence 2 Sept., 1754, to perform the office of curate in Trinity Chapel, on the nomination of David Jones Gwynne, of Taliaris, patron thereof, with a salary of £14 a year for serving the same.

Aralleiriad o gofnodion eglwysig

(Dogfen 68)
ENILLION A GOFALON CURAD, 1766-7

For serving Henry's Moat, £10, and surplice fee	10	0	0
For serving Puncheston, £8, surplice fee and offering	8	0	0
For serving Morvil, £6, surplice fee and offering	6	0	0
For serving Newcastle, £6, surplice fee and offering	6	0	0
For serving Llanychaer, £6, surplice fee and offering	6	0	0
For serving Pontvane every fortnight	6	0	0

Dydd lyfr.

(Dogfen 69)
ABSENOLWYR, 1790

Abernant

"Our minister doth not reside on his cure but at Oswestry, from 80 to a 100 miles distant, and pays us a visit once in a twelve months; the reason of his absence, we suppose, is because he is an Usher to a Free School at Oswestry.

He hath a curate properly licensed by the bishop, and living in the parish."

Cynwyl Gaeo

"Our vicar does not reside with us now, but he is, as we have been told and believe, in Scotland tutoring Lord Galloway's children. He hath a curate, he likewise does not live in our parish for want of a convenient house to reside in, he having a family."

Cofnodion eglwysig

(Dogfen 70)
CYFLWR CREFYDD CYN Y DIWYGIAD
METHODISTAIDD

"Ysbryd yr Arglwydd oedd wedi ymado â chyn'lleidfaoedd cyfain, gweini-dogion oedd yn cael pregethu i'r cerrig. Marweidd-dra ysbryd, caru'r byd, sych-wrthddadleuon, hunan-dyb, gofalon anghymedrol, a myrdd o bryfed gwenwynig o'r fath oedd fel locustiaid yn difa'r wlad o'u blaen. Am eraill yr oedd yr holl ymddiddan, eraill oedd y bobl feius; ac prin neb fyddai yn beio arno ei hun. Casineb, malais, a rhagfarn oedd yn teyrnasu; nos, nos, oedd trwy'r holl eglwysi. Er fod utgyrn lawer, a rhai ohonynt yn utgyrn arian, nid oedd braint ddyn yn clywed eu llais, o Gaergybi i Gaerdâf."

William Williams

Y DIWYGIAD METHODISTAIDD

(DOGFENNAU 71–91)

Teimlodd unigolion yr angen am ddiwygiad yn ystod degadau cynnar y ganrif a bu Griffith Jones yn gweithio dros hyn yn ei ffordd ei hun (19). Teimlodd Edmund Jones yr angen hefyd. Ef oedd y gweinidog anghydffurfiol a wahoddodd Harris i Sir Fynwy "to join in the war against the devil". Ond trawsnewidiwyd y diwygiad gan y profiad cyfriniol a gafodd Howell Harris. Nid llid at wendidau'r Eglwys Sefydledig nac anfodlonrwydd ar ei hathrawiaethau a ysgogodd Howell Harris i ddechrau ar waith ei fywyd. Ar ôl darllen, ystyried a gweddïo, cafodd weledigaeth eglur a oedd yn graidd y gwirionedd crefyddol yn ei dyb ef, ond nid ffrwyth ymresymu dideimlad, manwl oedd y weledigaeth honno. Cais Robert Jones Rhos-lan fynegi'r profiad ysbrydol personol iawn hwn mewn geiriau, yn nogfen 71. Daw'r dyfyniad o *Drych yr Amseroedd*, llyfr a ysgrifennodd Robert Jones, un o'r ail genhedlaeth o Fethodistiaid, ac yntau mewn gwth o oedran. Galwodd Methodistiaid y ddeunawfed ganrif yr ymwybyddiaeth sydyn o ofn a ddilewyd gan adnabyddiaeth o Dduw yn "dröedigaeth".

Cyfnod cychwyn bywyd newydd Howell Harris oedd gwanwyn a haf 1735· Mab i grefftwr ym mhlwyf Talgarth yn Sir Frycheiniog oedd, ac yn un ar hugain oed. Bu'n ddisgybl yn academi Anghydffurfiol Llwyn-llwyd ac yna'n ysgolfeistr. Ac yntau'n ysgrifennu flynyddoedd ar ôl hynny, ceisiodd Robert Jones fynegi ymateb Howell Harris i'w brofiad. Ei awydd cyntaf oedd pregethu a chynghori yng nghyffiniau ei ardal ei hun. Drwy weithredu mor frwdfrydig a selog, ymddengys iddo ennyn dicter y ficer, Price Davies, a fu'n un o gyfryngau ei dröedigaeth. Ceisiodd gael ei dderbyn i waith yr eglwys ym mis Gorffennaf 1736, ond gwrthododd Nicholas Claggeth, esgob Tyddewi, ei gais. Beth a allai ei wneud yn awr?

Tua'r un adeg cafodd eraill yn Lloegr a Chymru brofiadau ysbrydol tebyg. Un canlyniad i brofiadau o'r fath oedd teimlo rheidrwydd i ennill pobl eraill i gyflwr meddwl tebyg. Defnyddiwyd yr enw "Methodist", yn y lle cyntaf, i ddisgrifio aelodau'r Clwb Santaidd a sefydlwyd yn Rhydychen yn 1729, gan John Wesley a rhai o'i gyfeillion.

Teimlai Howell Harris awydd angerddol i efengylu a chan ei fod yn ifanc, ac yn bersonoliaeth arbennig, byddai'n annhebyg o gadw'n ddistaw. Cafodd gydymdeimlad ac anogaeth ymhlith Annibynwyr a Bedyddwyr ei gynefin. Ond roedd Eglwys Loegr yn annwyl ganddo ac aeth i Landdowror i ofyn cyngor Griffith Jones. Er mawr siom iddo, cynghorodd Griffith Jones ef i bwyllo ac awgrymodd iddo fynd ymlaen â'i waith fel ysgolfeistr am gyfnod pellach. Cynghorodd ef hefyd i beidio ag ymwneud gormod â'r Anghydffurfwyr. Ar ôl dychwelyd i Sir Frycheiniog gweithredodd Howell Harris mewn modd a fyddai'n debyg o ddigio awdurdodau'r eglwys a gwneud drwg i unrhyw obaith a oedd ganddo o gael ei urddo yn y dyfodol. Daliodd i gynghori mewn tai, a thua'r Nadolig 1736 ffurfiwyd y seiat gyntaf yn Y Wernos. Aeth ymlaen i weithredu fel hyn yn 1737, a'r flwyddyn honno hefyd y cyfarfu â Daniel Rowland. Yn 1738 aeth i Sir Fynwy, Sir Forgannwg a Sir Drefaldwyn ac Ymneilltuwyr gan amlaf oedd yn gyfrifol am ei wahodd i efengylu yno. Parodd hyn eto iddo fod yn amhoblogaidd ymhlith llawer o eglwyswyr. Yn 1739 gwnaeth dri chynnig i gael ei ordeinio. Daw dogfen 72 o'i ddyddiadur ac ynddi cawn hanes y trydydd cais a wnaeth y flwyddyn honno. Gan gofio'r hyn a wnaeth, a'i eiriau byrbwyll i'r esgob, nid yw'n anodd gweld paham y gwrthodwyd ei gais. Fodd bynnag, bu methiant Howell Harris a Nicholas Claggeth i ddeall ei gilydd yn dynged-fennol yn hanes yr eglwys. Roedd hefyd yn un o drobwyntiau hanes diweddar Cymru. Ysgrifennodd Harris sylw fel hyn yn ei ddyddiadur ar Awst 19, gan gyfeirio at ei eiriau â'r esgob yn y termau hyn: "I see God did lead me to bear a testimony for Him to the Bishop, but I fear I did not relate all I ought ... "

Rhaid bod ffurfioldeb yr eglwys a diffyg gweinidogaeth effeithiol mewn rhai ardaloedd wedi peri i fwy o bobl dynnu at Howell Harris a'i gyd-weithwyr. Yr oeddynt hefyd yn debyg o gael tir ffrwythlon lle bynnag yr oedd pobl â diddordeb mewn darllen y Beibl. Nid oedd y syniad o seiat, neu gyfarfod lle deuai pobl ynghyd i geisio dyfnhau eu bywyd ysbrydol, yn newydd. Yr oedd cymdeithasau tebyg wedi bodoli yn Llundain ac yn yr Almaen ers diwedd yr ail ganrif ar bymtheg. Ymateb naturiol Gymreig oedd y mudiad hwn, ond dylanwadwyd arno gan ddatblygiadau y tu allan i Gymru. Yr oedd cyfarfodydd fel hyn yn rhan o'r bywyd crefyddol yn Lloegr yn arbennig. Pan ddaeth Harris i gysylltiad â'r Methodistiaid Seisnig a'r Morafiaid, daeth o dan eu dylanwad hwy hefyd (9).

Yn 1737, cyfarfu Harris â Daniel Rowland. Yn fab i ficer yn Sir Aberteifi, dilynodd y ffordd arferol i urddau eglwysig (73). Fodd bynnag, tua 1735, wrth wrando ar Griffith Jones yn pregethu, cafodd brofiad a roddodd iddo weledi-gaeth ysbrydol ddyfnach, ac o hynny ymlaen dechreuodd bregethu ag ynni mawr yn ei ddwy guradaeth ac yn yr ardaloedd oddi amgylch. Gweithiodd Howell Harris a Daniel Rowland gyda'i gilydd o 1737 hyd tua 1752. Ond yn annhebyg i Harris, a deithiai ymhell i bregethu, canolbwyntiodd Daniel Rowlands ei waith yn Llangeitho lle'r oedd yn gurad i'w frawd, ac ar ôl hynny i'w fab ei hun. Daeth mor enwog fel pregethwr nes i Langeitho ddod yn gyrchfan pererinion. Dyma sut y disgrifiodd Howell Harris wasanaeth yn Llangeitho: "Last Sunday, I was with brother Rowlands at the ordinance, where I saw, heard and felt such things as I cannot communicate on paper. I never before witnessed such crying, heart breaking groans, silent weeping, holy mourning and shouts of joy and rejoicing. Their 'Amens' and crying of 'Glory to God in the Highest' would have inflamed your soul had you been there. It is very common when Mr. Rowlands preaches for scores to fall down by the power of the word. Some lie there for hours, some praising and admiring Jesus Christ and free grace, others wanting words to express their feelings. Some fall down on their knees, prayer and interceding for a long time together."

Dengys dogfen 74, a gymerwyd o *Drych yr Amseroedd*, yr erlid a ddioddefodd y Methodistiaid, yn arbennig mewn rhannau o Ogledd Cymru. Cyn i'r teithwyr gyrraedd adref, fe daflwyd cerrig atynt yn Harlech, yn ôl yr hanes. Mae'r syniad o law Duw yn cael ei chodi i gosbi'r erlidwyr yn gryf iawn yng ngweithi-au'r Methodistiaid cynnar. Dengys dogfen 74 fod cred mewn arwyddion o gymeradwyaeth neu anghymeradwyaeth y Goruchaf i'w gael ymhlith Ymneill-tuwyr hefyd.

Yr Ymneilltuwyr a Howell Harris

Fel y crybwyllwyd uchod aeth Howell Harris i Sir Fynwy ar daith gynghori yn 1738. Fe'i gwahoddwyd gan Edmund Jones, gweinidog o fri gyda'r Annibynwyr. Ceisiasai curad Mynyddislwyn a Bedwellte atal yr ymweliad. Rhan o lythyr Edmund Jones a ysgrifennwyd yn 1739 yw dogfen 75. Dengys yr anawsterau a ddaeth i ran Harris. Dioddefodd y Methodistiaid erledigaeth o fwy nag un math. Anogwyd grwpiau o bobl i aflonyddu arnynt (74) ac fe'u herlidiwyd hefyd yn y llysoedd barn. (Ficer Talgarth oedd Price Davies. Yr oedd gan yr Ynad, Mr. Gwynne o'r Garth gydymdeimlad â'r Methodistiaid.) Gan nad oeddynt yn Anghydffurfwyr ni allai Methodistiaid hawlio breintiau o dan y Ddeddf Goddefiad fel y bobl yn nogfen 76.

Dengys y cysylltiad yma rhwng Edmund Jones a Howell Harris y berthynas rhwng yr Ymneilltuwyr a'r Methodistiaid. Dan weinidogion cydwybodol, yr oedd hen gapeli'r Bedyddwyr a'r Annibynwyr yn cynyddu'n gyson o ran maint a dylanwad. Yn eu ffordd gynnil yr oeddynt yn meithrin gwybodaeth grefyddol y tu allan i'w haelodaeth eu hunain, ac yng nghyfnod cynnar y diwygiad Methodistaidd, yr oedd argyhoeddiad ac ynni Howell Harris yn beth amheuthun iddynt. Ysgrifenasai Edmund Jones yn 1738: "I want some time to talk with you, and to concert measures how, in the best manner, we may attack the Devil's interest and advance our Lord's interest". Yn nyddiaduron Howell Harris mae cryn dystiolaeth fod cyd-weithio a chysylltiad rhyngddo ef a'r Ymneilltuwyr.

Fodd bynnag, wrth i'r blynyddoedd fynd heibio, codai tyndra hefyd. Gwrthwynebai rhai Ymneilltuwyr ddefnyddio cynifer o gynghorwyr heb eu hordeinio. Perthynai arweinwyr y Methodistiaid i Eglwys Loegr, ac ni chaent ryddid rhag erledigaeth wrth droi'n Ymneilltuwyr (76). Daeth y gwahaniaethau hyn yn amlwg iawn yn Sasiwn 1748, pan gyhoeddwyd na ddylid gofyn i Anghydffurfwyr i bregethu yn y seiadau, ac na chaniateid i Fethodistiaid bregethu yn nhai cwrdd yr Anghydffurfwyr. Er gwaetha'r penderfyniad hwn, cafodd rhai o ddulliau'r Methodistiaid o efengylu ddylanwad ar y Bedyddwyr a'r Annibynwyr. Erbyn diwedd y ganrif, yr oedd dylanwad dull mwy poblogaidd o bregethu arnynt, a chanent rai emynau yn eu gwasanaethau, er eu bod yn cadw eu rhyddfrydiaeth gynhenid a'u dadleuon diwinyddol.

Lledaeniad Methodistiaeth

Tua 1738, ymunodd William Williams o Lanfair-ar-y-bryn yn Sir Gaerfyrddin â'r mudiad. Ef oedd y trydydd gŵr a fu'n flaenllaw gyda'r Methodistiaid yn ystod eu cyfnod cynnar yng Nghymru. Tra oedd yn fyfyriwr yn academi Llwyn-llwyd (gweler tud. 68) clywodd Howell Harris yn pregethu, ac, fel canlyniad, gadawodd yr Anghydffurfwyr y magwyd ef yn eu plith, a pharatôdd ei hun ar gyfer urddau eglwysig. Ordeiniwyd ef yn ddiacon yn 1740, a bu'n gurad am dair blynedd. Ond yn ystod y blynyddoedd hyn, yr oedd mewn cysylltiad agos â Methodistiaeth, ac mae'n debyg mai dyna paham y gwrthodwyd ei gais i gael ei ordeinio'n offeiriad yn 1743.

Cyfeiria dogfen 78 at ymweliad cyntaf Howell Harris â Sir Gaernarfon. John Owen yw'r Canghellor y cyfeirir ato, y gŵr a ddychrynodd gymaint wrth weld ysgolfeistri teithiol Griffith Jones ddwy flynedd yn ddiweddarach. Tebyg fod gormodiaith yn straeon Robert Jones am yr erlid ond sonnir yn llythyrau Trefeca hefyd am wrthwynebiad John Owen i'r cynghorwyr. William Roberts oedd clochydd Llannor, a *Ffrewyll y Methodistiaid* oedd ei anterliwt. Yn nechrau'r ddeunawfed ganrif, amcan cyfansoddi a chyflwyno anterliwtiau oedd diddanu ac adrodd stori yn unol â'r traddodiad. Ond dan ddylanwad y diwygiadau addysgol a chrefyddol ysgrifennwyd hwy fel propaganda, fel hon gan William Roberts, a chollasant eu hapêl. Beth bynnag, mae'n debygol fod dydd yr anterliwtau yn tynnu i ben bryd hynny. Condemniwyd hwy gan y diwygwyr am eu bod yn atgoffa'r gwrandawyr o'u hen ffyrdd, ac fe'u dirmygid hefyd gan lenorion cylch y Morysiaid (79).

Er mai croeso oer a gafodd Methodistiaeth yng Ngogledd Cymru ar y dechrau, daeth tro ar fyd wedyn. Bu'r pymtheng mlynedd cyntaf ar ôl tröedigaeth Howell Harris yn gyfnod o gynnydd rhyfeddol yn y De. Ble bynnag yr âi'r pregethwyr teithiol, casglai torfeydd mawr at ei gilydd, wedi eu denu naill ai gan ieuenctid a brwdfrydedd yr arweinwyr neu gan chwilfrydedd. Nid anaml y gwelir sylw fel hyn yn nyddiaduron Howell Harris yn ystod y blynyddoedd cynnar: "Here very crowded audience among whom was the vicar, a justice of the peace and a young attorney . . . "

John Wesley a George Whitefield

Yn 1729, sefydlwyd cymdeithas grefyddol yn Rhydychen a'i diddordeb mewn gweithredoedd da ac mewn dyfnhau profiad ysbrydol. Yr oedd John Wesley yn un o'r sylfaenwyr, ac yn ddiweddarach ymunodd George Whitefield a John Gambold o Sir Benfro. Yr oedd llawer o'r aelodau i ddod yn amlwg yn niwygiad y ddeunawfed ganrif yn Lloegr ac yng Nghymru. Yn 1738, dechreuodd John Wesley bregethu yn yr awyr agored gan fynd o blwyf i blwyf (80). Trefnodd y bobl a gafodd dröedigaeth yn seiadau Methodistaidd. Charles, ei frawd, a George Whitefield oedd ei gyd-weithwyr.

Yn 1739, cyfarfu Howell Harris â Whitefield a John Wesley, a chan mai yr un oedd natur sylfaenol y ddau fudiad yr oedd teimlad da rhyngddynt. Ond yn 1741 cododd gwahaniaeth barn rhwng Wesley a Whitefield ar fater o athrawiaeth. Cefnogodd y Methodistiaid Cymreig farn Whitefield, ac felly Calfinaidd fu Methodistiaeth yng Nghymru. Ar ôl hyn cafwyd ei bod yn amhosibl uno'r Methodistiaid Calfinaidd a'r Wesleaid, er bod yr arweinwyr yn gyfeillion. Ymwelodd Wesley â Chymru rhwng deugain a hanner cant o weithiau, ac yr oedd ganddo nifer sylweddol o ddilynwyr yn yr ardaloedd lle'r oedd y mwyafrif yn siarad Saesneg, a chychwynnodd seiadau yno. Cafodd gefnogaeth ymhlith boneddigion a threfwyr. Yr oedd hefyd bregethwyr teithiol Wesleyaidd yn gweithio yng Nghymru. Yn 1800, crewyd yr Ymgyrch Fethodistiaid Wesleyaidd Gymreig gan y Gymanfa Fethodistaidd, ac felly sefydlwyd enwad newydd yng Nghymru.

Croesewid y Wesleyaid a'r Methodistiaid Cymraeg gan deulu Gwynne o'r Garth a theulu Jones o Ffon-mon. Croesawyd Wesley i Lwyn-gwair yn Sir Benfro ar sawl achlysur gan y Boweniaid. Yr oeddynt mewn cysylltiad â llawer o arweinwyr y diwygiad yn Lloegr ac yng Nghymru, a rhoesant gefnogaeth ymarferol i'r Methodistiaid Cymreig hyd 1811.

Y Sasiwn Gyntaf

Cynhaliwyd y cyfarfod a ddisgrifir yn y llythyr hwn (81) yn fferm Dygoedydd, Cil-y-cwm, Sir Gaerfyrddin a dyma'r ymgais gyntaf i osod trefn ar y grwpiau o Fethodistiaid a oedd wedi codi. Ffurfiwyd y seiadau yma, drwy Gymru benbaladr, fel canlyniad i deithiau pregethu gan arweinwyr Methodistaidd, ac fel arfer roeddynt yng ngofal cynghorwr. Yn y cyfarfod hwn penderfynwyd ar ddull o arolygu'r seiadau gan roi'r awdurdod terfynol yn llaw'r Sasiwn. Roedd cynnal y cyfarfod hwn yn afreolaidd gan wŷr a oedd yn aelodau o Eglwys Loegr. Yr oedd yr arweinwyr am bwysleisio, fodd bynnag, nad mudiad wedi torri i ffwrdd oedd yr eiddynt hwy, a dyna sy'n egluro'r gosodiad ynglŷn â'r cymundeb. Beth bynnag oedd eu bwriad roedd Methodistiaeth bellach wedi peidio â bod yn agwedd ac yn ddull i ddyfnhau profiad ysbrydol, a daethai'n sect, hyd yn oed os oedd yn dal o fewn Eglwys Loegr. Ar lun Presbyteriaeth y datblygodd y gyfundrefn o hyn ymlaen.

Talodd William Williams gryn sylw i broblemau'r seiadau cynnar, a threfn a disgyblaeth y mudiad. Yn ddiweddarach o lawer yn ei oes, rhwng 1762 a 1777 y cyhoeddwyd nifer o'i weithiau rhyddiaith. Fe'u hysgrifennwyd i ateb galwad-au'r Methodistiaid ar y pryd hwnnw, ac ynddynt ceir y doethineb a ddeilliai o'i brofiadau ei hun fel un o arweinwyr diwygiad crefyddol. Mae ei weithiau'n werthfawr heddiw fel dehongliad o'r mudiad ac fel llenyddiaeth yn ogystal.

Y Sasiwn yn Watford

Ysgrifennwyd y llythyr hwn (82) ar ôl y Sasiwn a gynhaliwyd yng nghapel Annibynnol Watford yng Nghaerffili ym mis Ionawr 1743. Yr oedd yno gynrychiolwyr y Methodistiaid Cymraeg a dilynwyr Whitefield o blith y Methodistiaid Saesneg. Dewiswyd George Whitefield yn Llywydd. Yr un oedd prif bynciau'r drafodaeth â'r hyn a drafodwyd yn Nygoedydd. Rhoddwyd diffiniad clir o sefyllfa'r cynghorwyr, a sefydlwyd rheolau arbennig i'w dilyn wrth eu derbyn yn gynghorwyr. Ymdriniwyd â'r berthynas rhyngddynt ac Eglwys Loegr, ac yr oedd yn amlwg fod y rhai a oedd yn bresennol am aros o fewn yr Eglwys a chymryd cymundeb yn yr Eglwys, cyhyd ag yr oedd modd. Ynglŷn â'r ddau fater, ceisiwyd dangos eu bod yn gymedrol a bod y cyfan dan reolaeth. Mae'n debyg mai gobaith yr arweinwyr oedd y posibilrwydd y câi Whitefield ei ddyrchafu'n Esgob pe digwyddai rhai cyfnewidiadau gwleidyddol. Pe gwneid Whitefield yn esgob, yr oedd gobaith y byddai syniadau'r Methodis-tiaid yn fwy derbyniol gan yr Eglwys yn gyffredinol, ac y gellid ordeinio pregethwyr fel Howell Harris.

Diddorol yw sylwi i Howell Harris ysgrifennu at Griffith Jones ar ôl y fath gyfarfod pwysig. Er i Griffith Jones yn gyson wadu'r cyhuddiad fod a wnelo'i ysgolion â lledaeniad Methodistiaeth, cynrychiolai ef agwedd arall ar yr un diwygiad. Roedd yn gyfaill i George Whitefield a'r arweinwyr Cymreig, a rhaid bod ganddynt hwy fwy o gydymdeimlad ag ef yn ei sêl dros iachawdwriaeth nag oedd gan rai o awdurdodau'r eglwys. Tebyg fod y penderfyniad hwn yn Watford wrth ei fodd gan ei fod mor gymedrol. Gyda threigl y blynyddoedd teimlai'r Methodistiaid, yn enwedig Howell Harris, yn siomedig nad oedd ef yn ymuno â hwy, er enghraifft, yn 1747 ysgrifennodd Harris ar ôl ymweld â

Llanddowror: "I had freedom to tell my whole mind about his not espousing the cause, and writing the bad without the good of us . . . "

Dechreuwyd y drefn o gynnal cyfarfodydd misol yn 1743 pan gynhaliwyd cyfarfod yn Llanddeusant, Sir Gaerfyrddin. Nododd Robert Jones i'r cyfarfod misol cyntaf yn Sir Feirionnydd gael ei gynnal yn y Bala, y cyntaf yn Sir Fôn ym Mynydd Mwyn ger Llannerch-y-medd, a'r cyntaf yn Sir Gaernarfon yng Nghlynnog.

Anghydfod o Fewn y Mudiad

Nid oes dadl o gwbl ynglŷn â phwysigrwydd Howell Harris yn hanes Cymru fel prif gyfrwng y diwgiad Methodistaidd. Ei sicrwydd ei fod yn gallu dehongli ewyllys Duw a roes iddo'i argyhoeddiad a'i lwyddiant, ond gwelir arwyddion yn ei weithiau y gallai ar adegau fod wedi ymddangos yn falch ac ystyfnig. Codai anawsterau pan amheuai eraill a oedd ei weithrediadau yn fynegiant o'r ewyllys Ddwyfol. Dros gyfnod o ddwy flynedd lledodd y bwlch rhyngddo ef a Daniel Rowland. Gwahaniaethent ar faterion o athrawiaeth ac ymddygiad. Dyma sylw Robert Jones, Rhos-lan: "Yr oedd ef yn ŵr o feddwl cryn anorchfygol; ni chymerai yn hawdd ei blygu . . . Yr oedd gwrthwynebiad oddi wrth ei frodyr crefyddol yn beth hollol anadnabyddus ac annisgwyliedig i Mr. Harris . . . Yntau, yn lle arafu a phwyllo, ac ystyried yn ddifrifol a oedd ei ymadroddion yn addas am y pynciau uchod, a chwerwodd yn ei ysbryd tuag atynt; a phellasant yn raddol oddiwrth eu gilydd". Ymadawodd Howell Harris â'r mudiad yn 1752 gan sefydlu cymdeithas a oedd i bob pwrpas yn hunangynhaliol yn Nhrefeca (83 a 84). Teithiwr na ddaethai o dan ddylanwad y diwygiad o gwbl a wnaeth yr ail sylw, a dyma'r cyfeiriad lleiaf dirmygus o'i eiddo at y diwygwyr. Yn ystod y cyfnod ar ôl 1752 yr oedd i Howell Harris le amlwg ym mywyd Sir Frycheiniog, gan iddo ymwneud â gweithgareddau'r Gymdeithas Amaethyddol ac iddo wasanaethu fel capten yn y Milisia.

Barn Pobl am Fethodistiaeth

Daw dogfen 85 o lythyr a yrrodd William Morris, Rheolwr y dollfa ym mhorthladd Caergybi, at ei frawd Richard yn Swyddfa'r Llynges yn Llundain. Pedwar brawd a hannai o deulu o ffermwyr yn Sir Fôn oedd y Morysiaid, gwŷr a ddaethai ymlaen yn y byd. Ymhyfrydent mewn chwilio am lyfrau prin a noddent feirdd ac ysgolheigion, ond tueddent i roi barn dra awdurdodol. Hwy oedd cnewyllyn cylch cymdeithasol a llenyddol a oedd yn gwgu ar Fethodistiaeth. (Gweler hefyd 66.) Cyfeiria'r llythyr at Joseph Harris, brawd hynaf y diwygiwr, a oedd yn Brif Brofwr yn y Bathdy Brenhinol. Bu'r anghydfod ymhlith y Methodistiaid a ddaeth i glustiau pawb ar ôl 1750 yn hwb ymlaen i wrthwynebwyr y mudiad.

Daw dogfen 86 o lythyr a ysgrifennodd gweinidog capel Llwynrhydowen yn Sir Aberteifi. Dengys paham yr oedd yn gas gan rai pobl Fethodistiaeth, ar wahan i bersonoliaeth arweinwyr y mudiad a chynnwys eu pregethau. Hwyrach fod y disgrifiad wedi ei orliwio braidd, gan mai profiad ail-law i bob golwg a geir yn y sylwadau. Byddai ei gredoau diwinyddol yn gwneud y fath deimladrwydd mewn gwasanaeth crefyddol yn atgas iddo. Ymhlith yr hen Ymneilltuwyr fel David Lloyd, roedd llawer o ddadlau ynglŷn ag athrawiaeth, ar gwestiynau sylfaenol fel natur bodolaeth Crist. O feddwl fel hyn y datblygodd nifer o gynulleidfaoedd Undodaidd yng Ngheredigion a mannau eraill.

Ar y llaw arall dengys dogfen 87 y parch mawr a oedd gan rai o'r boneddigion at y Methodistiaid. Mae Castell Ffon-mon ym Mro Morgannwg (Gweler hefyd 80). Noddai Selina, Iarlles Huntingdon George Whitefield ac adwaenid ei ddilynwyr yn Lloegr fel "Lady Huntingdon's connexion".

Blynyddoedd yr Argyfwng

Er i Howell Harris gymodi â'r arloeswyr Methodistaidd eraill, ni chododd byth wedyn i fod yn arweinydd y mudiad am iddo ymroi mwy o lawer ym mywyd y gymdeithas grefyddol a sefydlodd yn Nhrefeca. Bu farw yn 1773, gan ddal hyd y diwedd i wrthwynebu torri'n rhydd oddi wrth Eglwys Loegr. Ers tua 1750 Daniel Rowland a William Williams a lywiai'r diwygiad Methodistaidd gyda help eraill fel Howel Davies 1716–70 a Peter Williams 1723–96 (Gweler 66). Ar ôl colli ei guradaeth yn 1763, gweinidogaethai Daniel Rowland o Dŷ Cwrdd a godasai yn Llangeitho. Daeth y cyfnod hwn yn hanes Methodistiaeth i ben gyda marw Daniel Rowland a William Williams. Mewn dydd lyfr syml a gedwid mewn ffermdy yn Sir Benfro, cofnodir: "October the 16th, 1790 the Rev. Mr. Daniel Rowlands of Llangeitho, Cardiganshire, Died about 12 o ye clock at Noon to the great grief of All Wales in generall". Bu farw William Williams yn 1791 (Gweler 88). Ar wahan i'r gwaith cyffredinol a wnaeth dros y mudiad, gan deithio drwy Gymru benbaladr i bregethu ac arolygu seiadau, amcangyfrifir iddo gyfansoddi bron fil o emynau. Yr oeddynt yn elfen bwysig yn apêl Methodistiaeth, a thrwy'r emynau hyn ac eraill tebyg iddynt y treiddiodd brwdfrydedd Methodistiaeth i enwadau eraill. Rhaid bod y troadau ymadrodd sy'n ymwneud â theithio yn adlewyrchu teimladau personol Williams wrth grwydro drwy ardaloedd anodd, a hynny ar dywydd cyfnewidiol. Alawon gwerin a gwedd fwy difrifol arnynt oedd rhai o'r tonau a ddefnyddiodd. Profwyd yn anghywir un frawddeg yn nogfen 88. Yn hytrach na'i fod yn "the last lyric poet of South Wales", yr oedd William Williams yn arloeswr math newydd o delyneg Gymraeg.

Ni cheisiwyd datrys problemau'r Methodistiaid Cymreig cyn marw tri arweinydd pennaf y genhedlaeth gyntaf. Yr oeddynt yn aelodau o Eglwys Loegr o hyd ond âi'n fwyfwy anodd iddynt dderbyn cymundeb. Cynyddai rhif yr offeiriaid a wrthodai weinyddu'r cymun i Fethodistiaid. Yr oedd eu gwrthwynebiad yn fwy am fod y Methodistiaid wedi codi tai cwrdd mewn rhai ardaloedd. Yn y pen draw, byddai'n rhaid penderfynu naill ai i dderbyn gofynion arferol yr Eglwys er mwyn bod yn aelodau llawn, neu i ordeinio eu gweinidogion eu hunain ac felly dorri'r cysylltiad.

Thomas Charles a Phenderfyniad 1811

Magwyd Thomas Charles (1755–1814) yn yr ardal lle'r oedd cyffro'r diwygiad gryfaf. Ganwyd ef yn Llanfihangel Abercywyn ger Sanclêr ac aeth i ysgol Llanddowror. Ac yntau'n fyfyriwr yn academi Caerfyrddin daeth dan ddylanwad pregethu Daniel Rowland a chafodd dröedigaeth. Bu'n fyfyriwr yng Ngholeg yr Iesu, Rhydychen ac fe'i hordeiniwyd, a bu'n gurad mewn mwy nag un man yn Lloegr. Dychwelodd i Gymru yn gurad Llanymawddwy, ond profiad anhapus fu hwnnw iddo. Ymhen llai na blwyddyn gorfu iddo roi'r gorau i'w guradaeth ac yn 1784 ymunodd â'r Methodistiaid yn y Bala. Drwy ei ymdrechion ef yn anad dim arall y cydiodd Methodistiaeth yng Ngogledd Cymru. Gweithiodd yn ddygn hefyd i addysgu'r tlodion a chynhyrchodd lyfrau ar gyfer ei Ysgolion Sul, yn eu plith Eiriadur Beiblaidd. Yr oedd yn un o sefydlwyr *Y Drysorfa Ysbrydol*. Ni allai'r S.P.C.K. bellach ateb y galw cynyddol am Feiblau Cymraeg, ac yr oedd Thomas Charles yn un o'r gwŷr a sefydlodd y Gymdeithas Feiblaidd Brydeinig a Thramor.

Y penderfyniad mwyaf anodd y bu rhaid i Thomas Charles ei wynebu oedd dyfodol Methodistiaeth. Ers dyddiau cynnar y mudiad taerai'r arweinwyr eu bod yn ffyddlon i Eglwys Loegr, a mynegent eu dymuniad i ddal yn aelodau ohoni. Ond am fod yr arweinwyr cynnar wedi marw, ni allai'r mudiad ddal i fodoli heb ordeinio gweinidogion. Anfoddog oedd Thomas Charles i ordeinio yn 1811, ond unwaith y penderfynwyd ar hynny bu iddo ran flaenllaw yn nhrefnu'r enwad newydd. Adroddiad ffeithiol yw'r hanes a geir gan David Peter. Ysgrifennodd yn fuan ar ôl y digwyddiad, a gwelir yn ei arddull gynildeb yr hen Ymneilltuwyr yr oedd ef yn un ohonynt. Ni cheir unrhyw arwydd yn y ddogfen o bwysigrwydd y digwyddiad a groniclir, sef bod y Methodistiaid bellach yn Anghydffurfwyr (89).

Yn y dyfyniad cyfeirir at Robert Jones, Rhos-lan, awdur *Drych yr Amseroedd*.

Enwad y Methodistiaid Calfinaidd

Yn ôl David Peter, yr oedd mwy o eglwysi gan y Methodistiaid Calfinaidd na chan yr enwadau Anghydffurfiol eraill erbyn 1816. Ceir rhai o syniadau'r enwad hwn wrth iddo ehangu yn nogfennau 90 a 91. Anogai'r Methodistiaid eu haelodau i fod yn llythrennog ac i feddu ar rinweddau cymdeithasol fel onestrwydd a sobrwydd. Mewn ymgais ymwybodol i gael profiad ysbrydol dyfnach, rhestrwyd gweithgareddau a oedd naill ai'n arwynebol, neu'n wastraff ar amser, neu'n ddrwg. Mae tystiolaeth nad oedd hen arferion wedi eu dileu i'r graddau a awgrymir erbyn 1813, ond parhaodd dylanwad y Methodistiaid i wasgu diwylliant gwerin o fodolaeth drwy gydol y bedwaredd ganrif ar bymtheg.

Mewn ystyr wleidyddol, dylanwad ceidwadol oedd gan Fethodistiaeth. Gwelir ateb y Methodistiaid i'r rhyddfrydiaeth a oedd yn dod i'r amlwg yn y dyfyniad o *Gair yn ei Amser*. Gwelid y rhyddfrydiaeth hon ymysg rhai o weinidogion yr hen Ymneilltuwyr yn niwedd y ddeunawfed ganrif a dechrau'r bedwaredd ganrif ar bymtheg. Credai arweinwyr y Methodistiaid mewn plygu i'r drefn fel yr oedd, ac ufuddhau i'r wladwriaeth. Barn Duw ar bechodau dyn oedd caledi a rhyfeloedd. Ysgrifennodd Thomas Jones: "Ein pechodau ni sy wedi magu rhyfel a blinder. O, na bai ysbryd o ymostyngiad, o edifeirwch, ac o ofn yr Arglwydd yn cael lle gyd â ni oll, i'n gwir ddychwelyd ato". Yr un oedd safbwynt John Elias, un arall o'r gweinidogion a ordeiniwyd yn 1811, ond ei fod ef yn ei osod yn fwy tanllyd. Tueddai arweinwyr y Methodistiaid i wrthwynebu cyffro gwleidydd tan ar ôl ei farwolaeth yn 1841.

(Dogfen 71)

TROEDIGAETH HOWELL HARRIS

"Ar ôl i Mr. Howel Harris gael ei ddeffroi am ei gyflwr fel pechadur colledig, noeth ac agored i ddigofaint Duw dros dragwyddoldeb, a chael datguddiad o Gyfryngwr y Testament Newydd, yn ddigonol Waredwr oddi wrth y llid a fydd, ni allodd ymatal heb ddyrchafu ei lais fel utgorn i weiddi ar bechaduriaid, lle bynnag y câi afael arnynt, gan eu cymell i ffoi ar frys i'r noddfa: canys yr oedd y gair fel tân wedi ei gau o fewn ei esgyrn. Trawodd allan, fel un o feibion y daran, yn ddidderbyn-wyneb i y priffyrdd a'r caeau, trefydd a phentrefi, i ddeffrous argyhoeddi torwyr Sabothau, tyngwyr, meddwon, celwyddwyr, &c., gan ddarlunio y farn ofnadwy megis o flaen eu llygaid; a gwreichion tân uffern, mewn ystyriaeth, yn eu plith. Bu yn offerynnol i ddeffroi llawer o drymgwsg pechod. Yr oedd gallu y Nef yn nerthol weithio trwy ei weinidogaeth."

Robert Jones

(Dogfen 72)

MATER ORDEINIO HOWELL HARRIS

"18 *August* 1739

Towards Abergwili. To Abergwili Court near 4 to the Bishop Claggett, where we had discourse to this effect. He looking not pleased on me, asked me whence I came. I told him from Breconshire. Asking what was my business. I said I waited on his Lordship in London, and he ordered me to wait on him in the country. He then said that the answer he gave me was that I was got to an unhappy way of thinking, that I had been going about to preach on tables etc., despising the clergy on whose honour and religion stands; that he was sorry for me then, but on that account, because of my going abt. and disrespecting the clergy by my words and behaviour, he would have nothing to say to me. I then (when he said so busy that I could not answer) asked his Lordship if he would give me leave to speak one word, on his not giving leave, I said we should speak to our Saviour when He was here, and though things should not be heard now that the whole would be canvassed over in the Day of Judgment. He then went to a passion. What, you mention the Day of Judgment to me? Pray I put it to your conscience how will you answer then for drawing the people agt. the clergy? . . . I told him the country was very ignorant, that there was no catechizing. In some places sermons once a month. He saying

seemed a babbler to the wise unenlightened Athenians, and if so, I don't
wonder if I do to you. Was cutting to the young students that go forth to
preach without knowing their own misery, or Christ. Without this all their
learning is nothing. I justified lay preaching—of Apollos, and yet shewed
we did not despise ordination, etc."

(Dogfen 78)
METHODISTIAETH YN SIR GAERNARFON

"Y flwyddyn y daeth i Sir Gaernarfon oedd 1741. Daeth i Bwllheli ar
nos Sadwrn: a gofynnodd y bore Saboth pa le yr oedd y pregethwr gorau
yn yr eglwys yn y parthau hynny? Dywedwyd wrtho fod y Canghellwr
yn pregethu yn agos yno, sef yn Llannor. Aeth yno, a chlywodd
bregeth ryfedd amdano ei hun. Yr oedd y Canghellwr, mae'n debyg,
wedi clywed ei fod yn bwriadu dyfod i'r wlad, ac oherwydd hynny
rhagrybuddiodd ei wrandawyr i ochelyd yr heretic melltigedig. Gosododd
ef allan yn ei bregeth yn gennad dros Satan, yn elyn Duw a'i Eglwys, ac
hefyd yn elyn i holl ddynol-ryw. . . . Nid oedd y dymestl ond dechrau y
pryd hynny: ond cynyddodd yr erledigaeth fwyfwy mewn amryw fannau yn
y wlad . . .Yr oedd yn y cyfamser glochydd yn Llannor, yn ddyn
celfyddgar, yn arddwr, yn ysgolhaig, ac yn brydydd, yn byw yn gryno a
chysurus, ac yn gyfaill mawr â'r canghellwr. Cafodd anogaeth gan ei feistr
i gyfansoddi coeg-chwarae (*Interlude*) gan ddarlunio ynddi amryw
bersonau, megis Whitfield, Harris, ac amryw eraill, yn y modd mwyaf
gwarthus, erlidgar, a rhyfygus, ag y gallai inc a phapur osod allan.
Argraffwyd y gwaith, a chafodd lawer o arian gan amryw yn y wlad am ei
waith cableddus. Arweiniodd ei feistr ef un tro i gyfarfod oedd gan
foneddigion mewn palas a elwir Bodfel, yn agos i Bwllheli, a than guro ei
gefn a'i ddangos iddynt, dywedodd wrth y cwmni, 'Gwelwch, foneddigion!
Dyma'r gŵr a wnaeth y gwaith.' Ar hynny cyfrannodd y boneddigion
iddo yn y fan ddeg gini a deugain."

Robert Jones

(Dogfen 79)
METHODISTIAETH YN SIR FÔN, YN ÔL
WILLIAM MORRIS

1745   "This Country, which some few years ago might be said not to
have six persons within it of any other persuasion than that of the Church
of England, is now full of Methodists or Independents or Presbyterians, or
some other sect, the Lord knows what.

1750   Mr. Ellis is tired in battling the Methodists, he now takes 'em
by fair means, dyna y ffordd oreu i drin ynfydion a fai direol."

(Dogfen 80)

JOHN WESLEY YNG NGHYMRU

a. September, 1743

"About seven in the evening we reached Crickhowell, four miles beyond Abergavenny.

Tues. 27—We came to Mr Gwynne's, at Garth.

Having so little time to stay, I had none to lose. So the same afternoon, about four o'clock, I read prayers, and preached.

Very early in the morning I was obliged to set out in order to reach Cardiff before it was dark. I found a large congregation waiting there.

Thurs. 29—I preached at the Castle of Fonmon to a loving, simple people.

Fri. 30—It being a fair, still evening, I preached in the Castle Yard at Cardiff; and the whole congregation, rich and poor, behaved as in the presence of God.

OCT. 1, *Sat.* I preached at Caerphilly in the morning. Llantrisant at noon, and Cardiff at night.

Sun. 2—Fearing my strength would not suffice for preaching more than four times in the day, I only spent half an hour in prayer with the society in the morning. At seven, and in the evening, I preached in the Castle; at eleven, in Wenvoe church; and in the afternoon, in Porthkerry church, on 'Repent ye, and believe the gospel'."

b. August, 1763

"*Sun.* 21—It rained almost all the morning. However, we reached Tenby about eleven. The rain then ceased, and I preached at the Cross to a congregation gathered from many miles round. The sun broke out several times and shone hot in my face, but never for two minutes together. About five I preached to a far larger congregation at Pembroke. A few gay people behaved ill at the beginning; but in a short time they lost their gaity, and were as serious as their neighbours.

Wed. 24—I rode over to Haverfordwest. Finding it was the Assize week, I was afraid the bulk of people would be too busy to think about hearing sermons. But I was mistaken. I have not seen so numerous a congregation since I set out of London; and they were one and all deeply attentive."

have built him a very good house, etc., and now that is finished they are sent about the country, to gentlemen's houses, where they do any kind of jobs that are wanted, bringing their wages constantly to him. Those who are not artificers are employed at home in spinning, carding, weaving, knitting; each according to their abilities. A warehouse is kept by him where their work is disposed of."

(Dogfen 85)

SYLW WILLIAM MORRIS AM HOWELL HARRIS, 1751

"Mi glywswm son gan ryw drafaeliwrs am yr Harris yna mae dyn cywrain iawn ydoedd, ai fod wedi dyfeisio rhyw fath newydd o gloriannau i bwyso aur, etc. Duw ro'r gras iddo fod yn well nai frawd Hwlyn, os gwir a ddywedir am dano."

(Dogfen 86)

SYNIAD DAVID LLOYD O FETHODISTIAETH 1764

"The Methodists after having kept quiet for several years have of late been very active. Their number increases, and their wild Pranks are beyond Description. The Worships of the day being over, they have kept together in ye place whole nights, singing, capering, bawling, fainting, thumping, and a variety of other Exercises. The whole Country for many Miles around have crowded to see such strange sights. For some months past they are less talked of, whether they have grown quieter, or ye thing is no longer a novelty. I do not know, nor had I ye Curiosity to go near them at all. The Dissenting interest is likewise very flourishing in several Congregations. Ours has received the addition of about 60 new Members in the last two years. Rowland is turned out of his Cures by ye Bishop, and now keeps up public Worship in a House built hard by, after ye form of ye Church Liturgy. He has however ye satisfaction of drawing ye Crowd after him, and of seeing his late Churches almost vacant."

(Dogfen 87)

LLYTHYR AT HOWELL HARRIS
GAN MRS. JONES OF FFON-MON

"Fonmon, Aug. 10. 1770

Dear Sir

knowing your readiness to do good to the Souls & bodys of all your fellow Creaturs I have the more willingly complie with ye request of the bearer of this, whose name is Edward Lewis. he has been informed that his uncle Thomas Lewis, his Fathers brother, died at London some few years past, worth a good deal of mony, & that he was an intimate friend of your brother Mr Thos Harris, who he hopes can give him some light into this affair, so as he may recover his uncles effects, he being the next of kin. this poor man never heard any thing of this til very lately, he will inform you more particularly of this matter. I shall be much obliged to you to talk with y^r b^r about it that the man may be satisfied whether what he has heard has any foundation of truth in it or not.

I hear that Lady Huntingdon is with you, pray has she still ye same intention of vissiting Glamorganshire as she had when I had ye happiness of Seeing her at your house last August? be so kind as to inform me & to give my best respects to her . . . I am Dr Sir, your much obliged and affectionate friend

MARY JONES"

(Dogfen 88)

ADRODDIAD AM FARW WILLIAM WILLIAMS, 1791

"At Pant-y-kelyn, near Llandovery, in Carmarthenshire, aged 72, Rev. Wm. Williams, a clergyman of distinguished talents and character. In early life a pious but amiable enthusiasm induced him to adopt the itinerant and apostolic modes of Methodism; and uniting a talent for poetry to an insinuating and captivating eloquence, he contributed greatly to its prevalence and support. He is probably the last lyric poet of South Wales, the language of the country gradually giving way. His Muse was wholly religious; yet many of his hymns have all the properties of the ode, true poetic fire, striking imagery, and glowing expression. United to the plaintive musick of the country, their effect on the people is astonishing, and the veneration in which they are held little short of devotion. Of this veneration the author greatly participated; and it will not be wondered at when it is known that for fifty years he has almost incessantly traversed the Principality in the ardent discharge of the duties of his ministry; that his imagination gave variety and interest to his orations; that his piety was warm, yet candid, and charitable; his manners simple, yet affectionate, and obliging; and his moral conduct without blemish or imputation."

Gentleman's Magazine

(Dogfen 89)

ORDEINIO GWEINIDOGIAU CYNTAF Y METHODISTIAID CALFINAIDD, 1811

"Gan nad oedd nifer ddigonol o offeiriaid eglwys Loegr, yn gweinidogaethu yn mhlith y Methodistiaid, yn gyfattebol i luosogiad y corff ac

CASGLIADAU

(DOGFENNAU 92)

Er mai o gylchgrawn Methodistaidd y daw dogfen 90, a'i bod yn adlewyrchu syniadau Methodistiaid y cyfnod, y mae hefyd yn crynhoi effaith cynyddol holl agweddau'r diwygiad, yn addysgol a chrefyddol, ar nifer helaeth o leygwyr Cymru.

Ystyrid yr uniongrededd newydd yn beth a adlewyrchai ddatblygiad a oedd i'w groesawu gan bobl fel Twm o'r Nant, a gredai eu bod hwy eu hunain yn gymedrol yn eu daliadau crefyddol. Tueddent i ddirmygu popeth a berthynai i'r hen ffordd o fyw fel yn nogfen 92. Yr oedd yr agwedd yma'n syfrdanol o newydd, ac nid oedd yn dderbyniol gan bawb yng Nghymru erbyn 1811. Er gwaethaf cyfraniad Griffith Jones ac eglwyswyr teyrngar eraill, ni fanteisiodd awdurdodau'r eglwys ar y brwdfrydedd newydd. Lle'r oedd offeiriaid yn ddiofal neu'n ddifater, câi pregethwyr mawr yr Anghydffurfwyr yn y bedwaredd ganrif ar bymtheg gyfle i ddenu torfeydd i ymrwymo i fod yn grefyddwyr selog.

Yr un oedd nod cyffredinol nifer o bobl, rhai'n Saeson ond y mwyafrif yn Gymry, a weithiodd dros gyfnod o ganrif neu ragor – achub eneidiau a gwella moesau a gwybodaeth grefyddol. Cafodd digwyddiadau'r ganrif effeithiau cyrhaeddgar – collodd Eglwys Loegr y lle blaenaf ym myd crefydd, bu newid mawr yn hanes yr hen Ymneilltuwyr, datblygodd parch newydd at addysg a bywyd syber ymysg y werin, a gwelwyd cynnydd aruthrol yn nifer y bobl a allai ddarllen ac ysgrifennu Cymraeg llenyddol. Ni allai'r arloeswyr fyth fod wedi rhagweld effaith hyn i gyd ar hanes Cymru.